AF288354

Silke Aichhorn · Frohlocken leichtgemacht!?

Silke Aichhorn

FROHLOCKEN
LEICHTGEMACHT!?

**Neue skurrile Geschichten
aus dem Alltag einer Harfenistin**

Inhalt

Vorwort 7

Glossar 13

1. Unter der Erde 17

2. Achtung, Heiliger Boden!! 21

3. Wenn Du solche Freunde hast.... 23

4. Zeitmanagement für himmlische Missionen 26

5. Babysitterkompetenzen 38

6. Stehrümmchen 42

7. Von fehlenden Fähigkeiten 47

8. Gelebte Biologie 55

9. Ländliche Idylle 60

10. Morning has broken 70

11. Stille Nacht! 73

12. Lange Leitung... 78

13. Burgfräulein 2.0 82

14. Mobil auf Reisen 85

15. Kompetenz-Irritation 90

16. Weltlage contra Harfenmusik 92

17. Grundkenntnisse 99

18. Alles eine Frage des Caterings 101

19. Glück pur 107

20. Bahngespräche 110

21. Kraftakt 117

22. Dies und Das 121

23. Aufklärungspost… 126

24. Tatsächlich? 128

25. Adoptionsproblem 133

26. Zaubermittel 143

27. Ein bisschen Mimimi 151

28. Beim Schrei des Hahnes 156

29. Wie kalt ist warm genug? 162

30. Knasterfahrung 169

31. Agentenchaos und Konzertakquise 173

32. Stil-Fragen 179

33. Frau Aichhorn und die Behörden… 187

34. Die bucklige Verwandtschaft… 194

35. Mutanfall 198

36. Restmüll 207

37. Saubande, greislige 209

38. Danke, sehr freundlich! 215

Dank 218

Vorwort

Herzlich Willkommen zu Band Nr. 2, liebe LeserInnen!

Im Sommer 2022 rief mich ein Herr aus Berlin an.
Er sei Jahrgang 1935, habe gerade Band Nr. 1 „Lebenslänglich Frohlocken" in einem Rutsch verschlungen und würde jetzt also auf eine schnelle Fortsetzung warten.
Sein Wunsch (wie auch der vieler Leser zuvor) war mir Befehl, wir haben ja alle nicht ewig Zeit.
Außerdem war Band 2 eh schon länger in Arbeit.

Manche Geschichten haben naturgemäß starke Coronapandemie-Bezüge.
Falls Sie mindestens nach 2023 geboren sind: das war da, als die ganze Welt Schutzmasken im Gesicht trug und die Ausübung von Live-Kultur wegen monatelanger Lockdowns verboten war – also jene Jahre, während derer viel Zwischenmenschliches auf den Kopf gestellt wurde…

Auch dieses Buch erzählt wieder von wahren Geschichten aus meinem Berufsalltag.
Alles ist genau so passiert, und nur aus Gründen reinen Selbstschutzes habe ich ab und an etwas verfremden müssen.
Sollte sich jemand persönlich angesprochen fühlen:
Klären Sie bitte erst, ob ich Sie in meiner Beschreibung gut getroffen habe.
Wenn ja, überprüfen Sie gerne, ob Sie Ihr Verhalten im Nachhinein so gutheißen können.
Wenn nein: Ich habe zur Not einen guten Anwalt und eine fähige Rechtsschutzversicherung…

Danke an alle, die freiwillig oder unabsichtlich bei der Entstehung mitgewirkt haben.

Eine von mir angeschriebene Autorin, die ich um eine Rezension des ersten Buches gebeten hatte, schrieb mir damals kurz (und dezent angefressen) zurück:
„Solche Bücher lese ich nicht. Hier fehlt die 2. Ebene."

Also schauen Sie doch, ob Sie dennoch mit diesem Buch klarkommen.
Ich habe intensiv nach der 2. Ebene gefahndet und bin hoffentlich etwas weiter in diesem Metier vorgedrungen.

Warum ich überhaupt so intensiv Harfe spiele und das auch noch in einem Buch verarbeite?
Meine Mission ist es, das angestaubte Klischee der Harfe zu ändern!

Gehen Sie mal kurz in sich und stellen Sie sich eine zwielichtige oder eventuell auch nur coole Gestalt vor.
Ich denke kaum, dass dann ein Harfenist oder eine Harfenistin vor ihrem geistigen Auge auftaucht, oder?

Wenn Sie 200 Jahre eher gelebt hätten, wäre das wohl anders gewesen!
Harfenisten zählten im Österreich der Kaiserin Maria-Theresia zu den sogenannten Volkstypen, ihr Instrument hieß despektierlich „Lamentiergatter".
Die lässigen Typen untermalten ihre derben Gesänge in Wirtshäusern und als Straßensänger mit der Harfe.
Anfang des 19. Jahrhunderts war das unkontrollierte Treiben der Harfenisten auf den Straßen nicht einzudämmen, ab 1835 gingen die Behörden gegen den Wildwuchs vor.

Man durfte nur noch mit Lizenz auftreten - wovon sich viele arbeitslose Musiker und Amateure nicht abhalten ließen.

Spielte man ohne Lizenz, waren Strafen und Sanktionen wie zwangsweiser Militärdienst die Folge.

Coole Socken also, die wilden Harfenisten jener Zeit. Und womöglich sogar gefürchtet…

Heute kämpfen wir eher mit dem anderen Extrem.

Weihnachten, lange Haare, Kleid und ein bisschen zirpen.

So schnell kann's gehen.

Manchmal frage ich mich natürlich schon, ob mein ewiger Versuch, die Harfe in ein anderes Licht stellen zu wollen, nicht doch vergebliche Liebesmüh ist.

Ist das bei so einem ambivalenten Instrument wie dem meinen überhaupt eine sinnvolle Idee?

Wohl nicht umsonst findet man im mittelalterlichen Werk des Minnesängers Neidhart von Reuenthal Redensarten aus dem 13. Jahrhundert wie „In der Mühle Harfe spielen" – was wegen des Lärms als „vergebliche Mühe" galt. Die gleiche Bedeutung hat bei Martin Luther im 16. Jahrhundert der Ausspruch „Einem Esel das Harfenspiel beibringen".

Die Klischees sind stark verhaftet, und obwohl sich mein Instrument eher frauentypisch anhört, sind wir Harfenistinnen am Daueraufklären.

Wir lesen zum Beispiel im Lebenslauf eines geschätzten Harfenkollegen, dass „Er es endlich schafft, die Harfe aus dem seichten Tal der langen Haare zu befreien"... oder werden bei Gagenverhandlungen regelmäßig mit dem Veranstalter-Satz „Sie sind doch verheiratet!" in die Schranken gewiesen.

Auch bekommt unser einer gerne die Frage zu hören: „Was machen Sie eigentlich beruflich?" Klingt abgedroschen, wird mir aber trotzdem regelmäßig genau so gestellt.

Ich antworte mittlerweile gerne – so wie vor Kurzem, direkt nach einem zweistündigen Auftritt mit hoch-virtuosem Programm und noch im Konzertkleid:

„Ich bin im richtigen Leben eigentlich Metzgereifachverkäuferin!"

Beim Lesen werden Sie bei einigen Geschichten vielleicht denken: Selbst schuld! Oder auch: Kesse Lippe, die Madame da riskiert.

Ich weiß, dass ich nicht ganz ungefährlich bin – und habe das auch schriftlich:

Altes Testament, Buch Jesus Sirach, Kapitel 9 Vers 4:

„Verkehre nicht mit einer Saitenspielerin, damit Du nicht durch ihre Künste gefangen wirst."

Also bleiben Sie entspannt!

Vieles klingt nicht nach „Frohlocken leichtgemacht", aber ich bin mir meines privilegierten Berufes vollkommen bewusst - und ich liebe ihn!

Auch wenn es sich für Sie sicher manchmal nicht danach anfühlt, im Endeffekt bin ich nur durch sehr wenig wirklich zu erschüttern. Der Satz „Bevor I mi aufreg, is ma liaba Wurscht!" ist eines meiner Lebensmottos.

Und wenn dann noch eine schöne Geschichte fürs Buch rausspringt, ist das doch wunderbar. Außerdem können Sie so aktiv von meinen Erfahrungen profitieren.

Dienst am Fan sozusagen!

Harfe spielen ist also nach wie vor meine große Leidenschaft, und weil ich öfters danach gefragt werde:
Das mit der Ruhe habe ich mir für nach der Rente vorgenommen... ;-)

Viel Spaß beim Lesen!

Ihre
Silke Aichhorn

P.S. Wenn Sie sich noch nicht mit Harfe auskennen, ein paar Basics:

- Meine Harfe wiegt 40 kg und jedes Kilo kostet fast 1000.- (Stand 2022)
- Die Harfe verliert, genau wie die Harfenistin, täglich an Spann-kraft. Und somit auch an Qualität und Wert (was für die Harfe-nistin natürlich nur bedingt gilt.)
- Im Gegensatz zu einer Stradivari wird eine Harfe mit dem Alter also immer schlechter. Dafür brennt sie aber länger als die Geige...
- Zumindest meine Harfen (und das zum Transport nötige Auto) tausche ich sehr regelmäßig aus.
- Große Konzertharfe spielt man mit acht Fingern (die kleinen Finger sind zu kurz) UND zwei Füssen für die sieben Pedale.
  Sie zählt zu den komplexesten Instrumenten, die es so gibt.
  (Falls Sie schon immer darüber nachgedacht haben, warum so viele Frauen Harfe spielen, können Sie sich die Frage jetzt gut selbst beantworten!)

- Transportiert wird die Harfe fast ausschließlich von mir selbst, weder zusammengeklappt noch auseinandergebaut, sondern ausgestreckte 1,87 m liegend im Auto.
  Sie geht in einen Opel Corsa oder einen Fiat Uno, nicht jedoch in einen Mercedes S-Klasse. „Mami, können wir auch mal ein cooles Auto haben?"- „Nein, mein Kind!"
  Für den Transport von und zum Auto gibt es die wunderbare Harfensackkarre HARPO, mit dem ich sogar selbständig dritte Stockwerke in alten Burgen oder Zugfahrten mit oftmaligen Umstiegen bewerkstellige.
  Merke: Den Spruch „Gell, Flöte wäre leichter!" kennen wir bereits...
- Ein Mann an der Harfe ist möglich...

Kommen Sie doch einfach ins Konzert, dann können Sie sich das alles aus der Nähe anschauen und mit frisch gewaschenen Händen gerne auch mal zupfen!

Aktuelle Termine finden Sie auf meiner Webseite:
www.silkeaichhorn.de
Viele Videos auf Youtube unter @SilkeAichhornharp

Glossar

damit Sie nicht die Orientierung verlieren...

Ad Blue
Zaubermittel, ohne das mein Auto ziemlich zickig wird

Adrenalin
Nur für besondere Momente – also eigentlich immer

Bevor I mi aufreg, is ma liaba Wurscht!
Bayerische Lebensart. „Bevor ich mich hier in irgendetwas hinein-
steigere, ist es mir lieber egal!"

Bethlehem-Rallye
Wir hetzen im Advent musikalisch von Stille zu Stille

Devotionalienhandel
Eigentlich der Handel mit Gegenständen der Andacht und Fröm-
migkeit. Aber was spricht dagegen, auch den postkonzertanten
Handel mit Harfen-CDs und meinen Büchern so zu nennen?
Ich signiere übrigens gerne auch mindestens ein Jahr im Voraus -
wo bekommt man das schon…?

Elfenbeinvirtuose
PianistIn

etc. (oder: …)
Ich könnte noch Stunden darüber reden oder denken Sie sich den
Rest einfach selbst

Harfenengel
siehe Buch-Cover

Hautstichler
Optischer „Veredler" von Hautpartien mittels Nadel und Farbe

Hunger
kann Frau Aichhorn unleidig machen

iPad
Seit Corona mein Lieblingsspielzeug, von dem ich die zu zupfenden Musikstücke ablesen kann. Ich schleppe also keine Papiernoten mehr durch die Gegend - stattdessen zwei Flach-Computer (falls Nr.1 ausfällt…)

Jumu
größter deutscher Jugendmusik-Wettbewerb „Jugend musiziert"

Lieblingsflötist
Dejan Gavric

Klampfe
Harfe
dazugehöriges Verb: klampfen (und das ist nicht abwertend)

Klangkörper
Orchester

Mimimi

ein bisschen jammern oder unnötiges Rumgeheule
Extraform: Männerschnupfen = großes Mimimi bei leichtem
Schnupfen….
Also wenn Männer maximal leiden wegen wenig bis nix.

Mugge

MUsik Gegen GEld oder MUsikalisches GelegenheitsGEschäft
Ergo: Taufe, Hochzeit, Vernissage, Hotel
manchmal auch einfach „Radio-zum-Anschauen"
Sonderfall Gruft-Mugge (Beerdigung, Aussegnung): immer etwas
Besonderes für mich (und die Zuhörer) sowie 10-mal lieber als
Hochzeit. (Kennen Sie Bräute im Jahr vor der Hochzeit…?)

NAVI

Garant für meine Pünktlichkeit bei Autofahrten

pinseln

dirigieren

Restaurant mit gelbem M

„Da weiß man, was man hat!" Auch nachts auf der Autobahn

Schau ma moi, dann seng ma's scho

Bayerische Lebensart. Nur nicht hudeln, es wird sich eine Lösung
finden

Schlüsselmächtiger

jemand, der die Macht hat, Türen und Aufzüge zu öffnen. Also
Hausmeister, Hausbesorger, Pförtner, Schrankenwärter, Putzdiens-
te und Ähnliches

Stehrümmchen
Eher was für Deko-Typen mit Faible zum Abstauben

Taktstockexperte oder Vorwedler
Dirigent

Triumphgemüse
meist am Ende eines Konzertes überreichtes Geschenk, häufig in
Form eines Gebindes aus dem örtlichen Blumenladen. Varianten
dazu sind: eine Flasche Wein mit hauseigenem Etikett oder UND
IMMER VON MIR BEVORZUGT: Mozartkugeln

1. Unter der Erde

Diese Geschichte ist schon mehr als zwei Jahrzehnte her, sie startete mit einem Anruf aus der schwäbischen Metropole.

Eine stark dialektbehaftete Männerstimme war zu vernehmen.

Sie gehörte einem Herrn, der sich als sowohl erfolgreicher wie auch erfahrener Komponist und Arrangeur vorstellte.

Er habe die letzte Meisterschaftsfeier des VFB Stuttgart musikalisch gestaltet, sei sowieso superberühmt und suche jetzt eine fähige Harfenistin für eine Einspielung.

Sollte die Zusammenarbeit klappen, würde er mich selbstverständlich groß rausbringen und vielleicht könnte ich dann auch mal im Stadion auftreten.

Superbowl auf Schwäbisch, Heilig's Blechle!

Wir verabredeten uns zu einem ersten Kennenlernen.

Auf einer meiner Reisen besuchte ich ihn in einer schmucklosen Dreizimmerwohnung in einer noch schmuckloseren Hochhaussiedlung neben einer vierspurigen Autobahn am Rande der Stadt.

Ich wurde auf eine beige Lederimitatcouch gebeten, mein Blick fiel auf die gegenüberliegende Wand:

Eine wilde Mischung aus Gobelins, einem geklebten 1000-Teile-Puzzle mit Schloss Neuschwanstein, einigen vergilbten Fotos in abblätternden Goldrahmen und einem großen Poster der Stuttgarter Kickers.

Insgesamt kein schöner Anblick!

Das machte auch der Haufen Nippes nicht besser, der das darunter stehende Sideboard „veredelte".

Auf dem Tisch lag eine abwaschbare Tischdecke, die - wie in Schwaben gern gepflegt - wohl zur Aussteuersammlung ab der Erstkommunion gehörte.

Aber ich war noch jung und durch wenig zu erschüttern.

Wer Karriere machen will, muss eben auch durch Niederungen schreiten können.

Der Glamourfaktor tendierte allerdings hier stark gegen Null.

Aufmerksam lauschte ich den umfangreichen Ausführungen meines eventuell neuen Managers. Zum Abschluss sagte er mir die Übersendung von Noten zu, ohne die ich ja bekanntlich wenig auf meinem Instrument anfangen kann (und will).

Einige Tage später bekam ich Post von ihm und wurde vor größere Herausforderungen gestellt.

Es gab je EIN handgeschriebenes Notenblatt für die rechte und EINES für die linke Hand.

Das ist ungefähr so, wenn man beim schriftlichen Dividieren den Nenner auf ein Blatt notiert und den Zähler auf ein anderes, aber beides gleichzeitig im Auge haben soll…

Harfe spielt man aus den gleichen Noten wie für Klavier, das heißt zwei untereinander liegende Zeilen, oben die Zeile mit den Noten für die rechte Hand, unten die für die linke.

Das Ganze liest man gleichzeitig vertikal und horizontal von links nach rechts ab.

Ich hoffe, Sie können mir folgen.

Multitasking ist ja durchaus mein Thema, aber jetzt mit zwei Augen zwei verschiedene Blätter gleichzeitig zu lesen und dabei zu klampfen, erschien mir doch oberhalb der Bewerkstelligungs-Schmerzgrenze.

So viel zum Thema sehr erfahrener Komponist.

Ich schrieb mir das Machwerk in einer Stunde um auf EIN Notenblatt, übte den „großen Wurf" und fuhr nach Baden-Württemberg, um alles einzuspielen.

Mein Spielpart war Bestandteil eines größeren Arrangements, die Melodien waren simpel, sowohl vom Schwierigkeitsgrad als auch der musikalischen Aussage.

Ein paar harfentypische Glissandi - einmal rauf und runter über die Saiten, ein bisschen Popsong-Attitude. Der Aufwand hielt sich also in Grenzen, und das war gut so.

Und wie so oft erstaunt es mich nachträglich, wie naiv ich wieder einmal ans Werk ging.

Ich traf den Komponisten und den Soundingenieur an einem Parkplatz neben dem Eingang zu einem unterirdischen Bunker, der das Tonstudio beherbergte.

Mit einem sehr alten Aufzug ging es nach unten und ich erinnere mich jetzt mit leichtem Grausen an ein seltsam verschlungenes Gangsystem, in dem sich ganz am Ende – „Hier hat man wirklich keine Störgeräusche mehr von außen!" – der Aufnahmeraum befand.

Tief unter der Erde, beklemmend eng, natürlich kein Handyempfang.

Für einen leicht klaustrophoben Menschen wie mich, nicht das ideale Arbeitsumfeld.

Ich schob die Harfe in das mit Akustikschaumstoff ausgepolsterte Studio. Schummriges Licht, niedrige Decken, kein Fenster, nur die eine Tür.

Dahinter saßen die zwei Männer am Mischpult, von denen ich mir nicht mal den Namen gemerkt hatte.

Erst nach einer Weile kapierte ich, dass mich die beiden über eine Kamera bei der Arbeit beobachten konnten. Hatte ich zwischendurch vielleicht mal in der Nase gepopelt oder eine Grimasse ob der wirklich unterirdischen Qualität der Komposition gemacht?

Bei der Mikrophon-Einstellung ging mir durch den Kopf, dass ich zuhause gar nicht genau Bescheid gesagt hatte, wo ich heute war.

Kann man in solch einem Verlies, zehn Meter unter der Erde, überhaupt ein Handy orten?

Sollte ich einfach lieber gleich wieder flüchten?

Oder doch hoffen, dass die Herren wirklich nur ihre Arbeit an den Reglern machen würden?

Irgendwie ging die Aufnahme dann rum und meine Harfe und ich kamen wieder ans Tageslicht.

Mehr ist mir nicht mehr in Erinnerung, wahrscheinlich kommt es mir heute doch wesentlich gruseliger vor, als ich es damals wahrnahm.

Aber mit einem derart in Aussicht gestellten Karrieresprung vor Augen – Klampfen für die Schwabenmetropole - trübt sich wohl etwas der Blick.

Ich bin mir nicht mal sicher, ob ich das eingespielte Stück je zu Ohren bekommen habe.

Im Stadion habe ich jedenfalls danach nicht gespielt und wahrscheinlich hätte ich bei dem Komponisten auf lange Sicht auch ein Augenleiden davon getragen…

2. Achtung, Heiliger Boden!!

Wenn ich bei einem Konzert eintreffe und der erste Satz des äußerst leutseligen Pfarrers ist:
„Ahhhh, Sie bringen also die (kicher).... Blockflöte!", dann kann man das nicht unbedingt als gelungenen Einstieg betrachten.
Je nachdem, wie lange und anstrengend meine Autofahrt vorher war, reagiere ich mit:
„Ach, Sie sind also vom Fach?"
„Den Spruch habe ich tatsächlich schon mal gehört!"
„Ja, der Harfenist kommt erst später!"
„Witze gefrühstückt, oder was?"
„Grummel".

Der Pfarrer weiter: er sei ja ein Blockflötist und komme gerade von einem Südafrikaurlaub zurück.
Während ich die Harfe die Treppen zum Aufzug ziehe, Klavierstuhl, CD-Koffer, Notenständer, Kleidersack aus dem Auto hole, dies alles in seiner Begleitung im Lift hochfahre und in die höher gelegene Kirche verfrachte, beglückt er mich ungefragt mit Safarierlebnissen, Durchfallthematik, Apartheidsproblemen, Flugzeugverspätungen und Sonnenuntergangsbeschreibungen.
Und zur Erinnerung: Er spiele Blockflöte, auch regelmäßig im Gottesdienst. Nur mit einer Harfe habe er noch nicht gespielt. Aber das könne man durchaus mal nachholen.
Ja, könnte man, wenn man wollte, aber sicher nicht heute, wir würden nachher nämlich ein QUERflöten-Harfenkonzert zum Besten geben.
Nur so als Info.
Wie üblich befreie ich meine Harfe von ihren wattierten Überzügen und verfrachte diese in die Sakristei.

Das mache ich schon immer so und auch diesmal ist genügend Platz in dem angeschlossenen Raum.

Als ich mich einspiele, eilt der Hausherr heran und unterbricht mich aufgeregt: „Sie müssen sofort die Sachen von der Harfe aus der Sakristei entfernen!

Dort darf nichts herumliegen, das ist HEILIGER BODEN!"

Soll ich jetzt zu argumentieren anfangen, dass mein Instrument so oft in der Bibel vorkommt, dass eine Harfenüberzugdeponierung in derartigen Räumen wohl für die Ewigkeit erlaubt sein müsste?

Immerhin würge ich noch ein „Im Vatikan, ALS ICH FÜR PAPST BENEDIKT XVI. SPIELTE, war das mit dem Überzug in der Sakristei irgendwie kein Problem!" hervor.

Er lässt mich wissen, dass er sein Blockflötentäschchen auch nicht auf dem Boden ablegen würde…

Korrigieren Sie mich, aber kommt die Blockflöte in der Bibel vor? Ich fasse es nicht.

Affenzirkus.

3. Wenn Du solche Freunde hast….

Der Schwiegervater eines lieben Bekannten ist verstorben, ich werde gebeten, mich um die Musik bei der Beerdigung zu kümmern.
Mit dem Pfarrer hatte ich schon zusammengearbeitet, ausgefallenes Repertoire seitens der Angehörigen ist glücklicherweise nicht gewünscht.
Obwohl ich mittlerweile auch „La Paloma" gerne für abgetretene Reeder und Italienliebhaber, „Sag beim Abschied leise Servus" für Peter-Alexander-Anbeter, „I did it my way" für Einzelgänger, Querköpfe sowie Freunde des New Yorker Broadways oder „Und immer wieder geht die Sonne auf…" für Udo-Jürgens-Fans im Programm habe….

Die Aussegnungshalle ist bereits gut gefüllt, als ich meine gestimmte Harfe in Urnennähe schiebe.
Ich spreche mich noch kurz mit dem Seelsorger ab und gleich danach geht es los.
Bis zum Ende der Predigt verläuft alles planmäßig.
Ich habe die Hände schon an meiner Harfe, um mit dem abschließenden AMEN loszuklampfen, als ich im Publikum Unruhe wahrnehme.
Habe ich mir mal wieder eine Beerdigung mit integriertem Ohnmachtspatienten ausgesucht?
Ich stelle die Harfe ab, bereit zum Sprung fürs Beine-hoch-Kommando.
Bei einer ähnlichen Aktion war ich vor Jahren nach dem Begräbnis angesprochen worden, ob ich Ärztin sei?
Heute ist viel Weihrauch im Einsatz. Das kann einem schon mal bei längerem Stehen den Boden unter den Füßen wegziehen.
Aber jetzt bekommt die Unruhe ein Gesicht:

Ein älterer Herr bahnt sich mühsam den Weg durchs sitzende Publikum nach vorne.

Es dauert. Seine Mobilität scheint etwas eingeschränkt. Er nähert sich dem Pfarrer und flüstert ihm etwas ins Ohr.

Dieser nickt. Vielleicht hätte er es einfach nicht tun sollen.

Denn: der Herr beginnt mit einer Rede.

Dafür muss er allerdings erst seine Corona-Schutzmaske abnehmen, was schon mal nervöse 30 Sekunden in Anspruch nimmt.

Die in der ersten Reihe sitzende Verwandtschaft wirkt gespannt, aber nicht alarmiert.

Es geht los.

Er wäre ein langjähriger Freund des Verstorbenen, extra aus der 400 km entfernten Heimatstadt angereist und möchte gerne „einige Worte" (ein relativer Begriff, wie sich hinterher herausstellt) zum Abschied sagen.

Und es wird „vielsagend".

Blumig, ausführlich, aber insgesamt gesehen eher nervtötend.

Mein Magen knurrt leise. Die schnelle Leich' wird das heute nicht. Hätte ich doch vorher etwas essen sollen.

Wir lernen zuerst die zehn Mitglieder des gemeinsamen Freundeskreises kennen.

Beziehungsweise deren ausführliche Krankenbulletins.

(Nur zur Erinnerung: Wir befinden uns bei einer Aussegnung in der dazugehörigen Halle und nicht bei einer Chefarztvisite).

„Ich möchte Fritz erwähnen, der sich zweimal hintereinander das Sprunggelenk beim Rasenmähen brach und seine Frau Hannelore, die ab dem 73. Lebensjahr regelmäßig zur Dialyse musste.

Wir waren gezwungen, unsere wöchentlichen Treffen darauf abzustimmen.

Auch erinnere ich mich an Gerda mit ihrem Herzleiden, die sich wirklich lang damit plagte und dann doch nicht überlebte, was mich und meine Frau sehr traf.

Danach erkrankte meine Frau selbst schwer und ich fuhr mit ihr noch nach Spanien. Es war eine sehr schöne Reise und dank mitgenommener Palliativmedikamente konnte sie die Schönheiten des Landes entspannt genießen."

Er schwurbelt und blubbert und der mir gegenübersitzende Schwiegersohn blickt mit laufend wechselnden Gesichtszügen zum Redner, zur Urne und zu mir.

So etwas hatte ich jetzt auch noch nicht in meiner Gruft- muggen-Karriere.

In der ersten Reihe gähnt inbrünstig ein Kind.

Aber das stört unseren Mann am Pult nicht.

Gerade ist er angekommen bei der lebhaften Beschreibung einer Reise nach Korsika. Zusammen mit seiner Tochter wäre er von Gipfel zu Gipfel gewandert und hätte überall je einen Stein im Gedenken an seine verstorbene Frau hinterlassen.

Danach wäre auch bei ihm eine schwerere Erkrankung festgestellt worden, er hätte sich schon mal die Palliativstation angesehen und mit den behandelten Ärzten Absprachen getroffen.

„Aber!", endet er schwungvoll:

„Die Herren Doktoren haben mich – wie man sehen kann - wieder gut hinbekommen und jetzt stehe ich hier."

Es fehlt eigentlich nur, dass er sich noch tarzanlike dazu auf die Brust trommelt...

Dann dreht er sich zum ersten Mal in dieser Rede zur schön dekorierten Urne und ruft pathetisch und in voller Lautstärke:

„Axel! Es braucht auch einen guten Freund im Leben. Servus!"

4. Zeitmanagement für himmlische Missionen

Habe ich eigentlich schon mal gesagt, dass man mich mit einem hubschrauber-fliegenden Harfenchauffeur extrem glücklich machen könnte?

Dann wären mir solche Aktionen wie an einem Tag im Mai erspart geblieben. Aber von vorne.

Ein Konzert mit mir als Solistin mit Orchester war wegen Pandemie schon mehrfach verschoben worden. Jedes Mal hatte ich wieder mit dem Erarbeiten der zwei, teils komplizierten Werke angefangen, um sie dann erneut zu den Akten zu legen.

Orchester und Veranstalter hatten Ersatztermine angeboten, es zog sich.

Dann endlich ein Datum, das für alle passen würde.

Leider hatte ich an jenem Vormittag schon ein Konzert mit Flöte in Traunstein zugesagt.

Aber 487 km zwischen den zwei Veranstaltungsorten in Bayern und Hessen sind ja locker in fünf Stunden zu schaffen – theoretisch.

Ich sehe schon Ihre Sorgenfalten….

Ja, okay, es war ein etwas ambitionierter Zeitplan. Aber bevor ich dieses Konzert erst in zwei Jahren spielen darf oder dann vielleicht gar nicht mehr, sage ich lieber jetzt zu - auch wenn es eng werden könnte.

Die Intendantin war damit sehr einverstanden und meinte, dass sie einfach warten würden, bis ich käme. Außerdem ergänzte sie, dass ich zur allergrößten Not bei dem Abo-Konzert meine zwei Werke auch nach der Pause statt, so wie aktuell geplant, ein Stück davor und eines danach spielen könne.

Ein nettes Angebot, das würde schon klappen.

Die Halle und die Veranstalter kannte ich, weil ich mir dort viele Jahre zuvor als Last-Minute-Einspringer in einem Neujahrskonzert mit Orchester einige Lorbeeren verdient hatte.

Am Mittwoch vor dem Konzert fuhr ich zum Orchester in die Pfalz, um im dortigen Probenraum die zwei Werke zusammen mit Dirigenten und Musikern zu erarbeiten.

Mit einer Anspieleinheit am Sonntag im Konzertsaal in Hessen, sollte das alles problemlos funktionieren.

Am Konzerttag selbst war ich etwas angespannt, die bevorstehende Reise beschäftigte mich doch mehr, als mir lieb war.

Aber nun stand zuerst einmal der Auftritt in der heimischen Konzertreihe mit meinem Lieblingsflötisten Dejan Gavric auf dem Programm.

Ich hatte im Vorfeld eine Matinee ohne Pause durchgesetzt und nach zwei Zugaben und einem schnellen Einpack-Manöver, war ich Punkt 12.30 Uhr im Auto.

Beim Losrollen vom Klosterhof die erste Verkehrsdurchsage: A8 Stau und stockender Verkehr von Landesgrenze Salzburg bis München, insgesamt also auf einer Strecke von 130 km.

Adrenalin schoss mir durch den Körper!

Es sollte für diesen Tag nicht das letzte Mal bleiben.

Wieso bitte war die Autobahn heute so voll?

Sollte der vorhergehende Brückentag und das verlängerte Wochenende, jetzt am Sonntag zu einem eher aus den Ferien bekannten Verkehrschaos auf dieser Autobahn führen?

Wir kennen das ja im Sommer, wenn jedes Wochenende gefühlt halb Deutschland hier vorbeifährt, aber jetzt? Im Mai??

Die Gedanken wirbeln in meinem Kopf.

Wenn die A8 am Chiemsee vorbei nach München schon dicht ist, dann ist es später auch die A9 Richtung Nürnberg und die A3 Richtung Frankfurt.

Genau meine Strecke.

Ich wollte eigentlich nicht erst nach dem Konzert ankommen.

Was für ein Mist!

Ich entscheide mich gleich mal für die alternative Landstraße statt der Autobahn in Richtung bayerischer Landeshauptstadt.

Parallel - fragen Sie einfach nicht weiter nach - google ich Routenalternativen Richtung Hessen.

Ostumfahrung München - komplett dicht; A8: Ulm - Stuttgart - mehrere Staus; A7: Dauerbaustelle bei Feuchtwangen, Zeitverzögerung aktuell 45 Minuten sowie im weiteren Verlauf zwei Unfälle mit Sperrungen.

Krise.

Mein Navigationssystem hatte mir beim Einsteigen als estimated time of arrival die von mir angepeilte Ankunftszeit 17:30 Uhr angezeigt.

Die Probe sollte von 18 bis 19 Uhr gehen, Konzertbeginn 19:30 Uhr, mein Stück ist das zweite nach einer Orchesterouvertüre.

Jetzt erscheinen gefühlt alle zehn gefahrenen Kilometer zwei Minuten mehr auf meiner Anzeige.

Ziemlich hibbelig düse ich durchs bayerische Hinterland. Eigentlich könnte ich über diese Route locker in 75 Minuten München erreichen und dort auf die Autobahn fahren. Aber da eh alles dicht ist, entscheide ich mich gleich bis nach Freising nördlich von München auf der Landstraße zu fahren und dort auf die A9 zu wechseln.

Denn, so der aktuelle Staumelder: Ab da ist alles frei.

Hoffnung! – Mein Adrenalinpegel beruhigt sich etwas, ich komme ganz gut vorwärts.

Dafür meldet sich jetzt mein Hunger.

Ich habe nur die übliche Tüte Nüsse im Handschuhfach. Meine Planung war gewesen, mir unterwegs gepflegt etwas an einer Raststätte zu holen.

Kurz vor der Auffahrt auf die Autobahn sehe ich links eine offene Bäckerei.

Meine Chance!

Ich hechte hinein, scanne die schon sehr übersichtliche Auslage und stelle mich hinter der einzigen Kundin, einer älteren Dame an.

Das geht sicher schnell.

Nachdem ich der sehr jungen Verkäuferin eine Minute zugesehen habe, bin ich kurz davor, über den Tresen zu springen und ihr zur Hilfe zu eilen.

Vielleicht ist es ja der allererste Arbeitstag in ihrem Leben und vielleicht hat sie schlecht geschlafen, einen niedrigen Blutdruck oder sonst irgendwelche Probleme, aber hier hätten Schnecken auf der Überholspur eine gute Chance.

Wenn meine Harfenschüler ein Handhaltungsproblem haben, nehme ich sie gerne per Video im Zeitlupenmodus auf, um ihnen ihren Fehler zu verdeutlichen.

Dieses Feature würde es bei einem Video von dieser Verkäuferin gar nicht brauchen. Sie kann original im Zeitlupenmodus arbeiten.

Ich bin kurz vor der Schnappatmung.

Die Wünsche der älteren Dame vor mir sind aber auch kompliziert und die Auswahl der verschiedenen Kuchensorten bedürfen gründlicher Abwägung: Was wohl Cousine Erna und Vetter Karlheinz schmecken könnte, welcher Kuchen gut zum Geschirr passen würde und wo wohl mehr oder auch weniger Sahne drin wäre und vor allem: nicht zu süß?

„Ach nein, lieber doch keinen Rumkranz, wissen Sie, er trinkt sowieso zu viel!" Und „Sollten wir statt der Buttercreme nicht doch etwas Leichteres für die Gäste nehmen? Meine Freundin leidet doch sehr unter ihrem Diabetes…".

Nachdem die Auswahl dann komplett besprochen und auf den Karton verfrachtet ist, kommt die nächste Hürde für das junge Verkaufstalent hinter dem Tresen.

Die Aufgabe: Einpacken eines Kuchensortiments mit Hilfe eines Papiers.

Die erste Lage, die sie von der Rolle abreißt oder, besser gesagt, schwunglos und jedes Reißzähnchen einzeln auskostend abzieht, ist ZU KLEIN.

Ich hätte ihr das dank meiner Gastronomie-Erfahrung gleich sagen können, aber sie merkt es erst, als sie den Karton mit den Kalorienbomben umständlich zur Seite balanciert, danach das Verpackungsmaterial auf der, zugegeben kleinen, Arbeitsplatte drapiert und einen ersten Einpackversuch gestartet hat. (Hinter ihr wäre viel Platz dafür gewesen, aber das hätte wohl einiges an Umdenken erfordert).

Mädel, das Papier muss mindestens 2,5-mal so groß sein wie die Kuchenplatte!!!

Also ein weiterer Verpackungs-Versuch, dieses Mal geht sie gleich in die Vollen: mit fast einem Meter Papier.

Auf jeden Fall besser als das Vorherige in Waschlappengröße.

Wahrscheinlich wäre ihr ein praktisches Einrollen des Kuchens am Liebsten gewesen, aber die Kundin hatte ja, wie Sie bereits wissen, keine Erdbeerroulade am Stück bestellt.

Bis dann ein Meter Papier auf einer zu kleinen Anrichte um ein fragiles Kuchenensemble geschlungen ist, vergeht doch wieder einige Zeit.

Ja, ich bin auf dem Weg zu einem Konzert, habe noch 362 km vor

mir, aber laut Verkehrsinfo sind diese angeblich staufrei, und so atme ich tief ein und aus.
Ruhepuls geht trotzdem anders.

Irgendeinen Sinn hat ja alles im Leben. Und heute bestand der Sinn offenbar darin, dass die Verkäuferin an ihrem vielleicht ersten Arbeitstag ein Erfolgserlebnis brauchte und ich die Chance hatte, meinen Adrenalinhaushalt mit kleinen Gedulds-Übungen in einer Bäckerei in den Griff zu bekommen.

Sie meinen, ich hätte auch einfach gehen können und mir eine andere Bäckerei suchen? Nein.
Denn da in der Auslage kein schon fertig belegtes Sandwich mehr zu sehen war, hatte ich mir direkt nach dem Eintreten aus dem Kühlschrank im Verkaufsraum neben einem Getränk ein Stückchen Butter herausgenommen, in der Hoffnung, dass mir die Dame dieses auf einem Gebäck, zum Beispiel einer Breze oder einer Semmel, fachgerecht verteilen könnte.
Diese Butter war mittlerweile warm in meiner Hand geworden, und sie jetzt, so kurz vor der großen Chance, zurückzulegen und wieder zu gehen, wäre auch unhöflich gewesen.

Die Verkäuferin fixiert inzwischen glücklich – und nach wie vor in zeitlupenhafter „Geschwindigkeit" – die Enden des Papiers mit vielen Stückchen Tesafilm, tippt dann einige Zeit wohlüberlegt an ihrer Registrierkasse, gönnt sich weitere kostbare Momente beim Öffnen einer neuen Rolle Wechselgeld und gibt sich als Nächstes ihren Überlegungen zur Wechselgeldrückgabe hin.
Immerhin: diese Kundin ist fast fertig bedient – nur noch die Kuchenübergabe.
Mein Moment ist gleich gekommen. Hurra!

Die Schlange in der Bäckerei hatte sich inzwischen um einige Kunden erweitert, als zu meiner großen Überraschung ein junger Mann aus dem hinteren Verkaufsraum heranschlurft.

Vielleicht waren die beiden Angestellten ja auf der gleichen Party heute Nacht gewesen? Auch er im absoluten Dämmerzustand.

Mühsam heben sich seine Lider und er fragt nach meinem Begehr.

„Könnten Sie mir bitte die Butter auf diese Semmel hier schmieren?"

Schon beim Aussprechen der Frage denke ich mir: schwerer Fehler. Am liebsten hätte ich gleich noch gesagt, geben Sie mir bitte einfach ein Messer, ich mache es selbst, aber da hatte er sich schon ans Werk gemacht.

Oder zumindest mit der Organisation des Werkes begonnen.

Vorsichtig hebt er das Backwerk aus der Vitrine und legt es behutsam ab. Jetzt die Frage an die Kollegin nach einem Messer. Diese ist immer noch mit der Übergabe des Kuchenpaketes an die alte Dame beschäftigt und so dauert es etwas, bis man sich einig ist, wo jetzt ein Messer „auf die Schnelle" (was für ein Anachronismus in diesem Moment!) zu finden wäre.

Es ist in der Spülmaschine, die natürlich noch läuft.

Also Messer rausholen, abspülen, abtrocknen, es soll ja alles zur Zufriedenheit des Kunden ablaufen.

Jaha, jetzt mach doch einfach mal hinne!

Semmel teilen (zum Glück sind Brezen aus, das wäre noch komplizierter gewesen), dann die nach meiner Handwärmung zum Glück jetzt gut schmierbare Butter sorgfältig verstreichen.

In einem kurzen Anfall von unkontrolliertem Irrsinn höre ich mich fragen, ob eventuell noch was für einen Belag da wäre.

Habe ich jetzt komplett den Verstand verloren?

Was Hunger aus einem Menschen macht, Mannnnn…

„Nein, Käse oder Schinken sind leider wahrscheinlich eher nicht vorrätig - oder soll ich nachschauen?

„NEIIIIN, bitte nicht! Zusammenklappen. Bitte ohne einpacken, direkt so. Jetzt!"

„Sie wollen keine Tüte?"

„Neeeeeein! - ICH BIN IN EILE!"

Mein zum Glück passendes Kleingeld rauscht auf den Tresen und ich durch die Türe nach draußen.

200 Meter später vor mir: die Autobahn.

Und: SIE IST VOLL.

Die Einfädelspur nutze ich bis zum allerletzten Meter aus und drängle mich in den stockenden Verkehr.

Immerhin eine Semmel in der Hand.

Und mein Navi hat weitere 13 Minuten hinzugewonnen.

Den Beginn der Probe werde ich schon mal nicht mehr erwischen, aber ich bleibe optimistisch. Vielleicht kann ich durch Schnellfahren wieder etwas hereinholen…

Soll das Orchester eben erstmal die Stücke ohne mich durchspielen.

Eingereiht in die Schlangen auf der vierspurigen Autobahn steigt mein Adrenalinpegel wieder deutlich an.

Was ist das nur für ein Zirkus heute?

Runter von der Autobahn auf die Landstraße, um dann von dort aus zu sehen, dass es auf der A9 doch läuft; also wieder drauf, um erneut im Stau zu stehen. Regen, Sonne, Gewitter, Wind.

Vor Nürnberg habe ich keine Nerven mehr und weiche erst einmal vollständig auf die nicht mehr parallel zur Autobahn führende Landstraße aus.

Es ist ja immer schön, neue Ecken in Deutschland kennen zu lernen, aber dafür fehlt mir jetzt eigentlich komplett die Muße.

Aktuell zeigt mein Navi Ankunft 18:20 Uhr, aber ich habe noch gut 200 km und ich weiß, dass bis dahin auch viele Baustellen zu durchfahren sind.

Ich sollte mal das Orchester informieren, dass ich spät dran sein werde.

Leider geht an keine der Nummern jemand dran; ich versuche es auf dem Handy eines Orchestermitglieds. Nicht erreichbar.

Dann muss es die Veranstalterin selbst sein.

Ich besitze ihre Kontaktdaten, weil ich mich jahrelang bei ihr um dieses Engagement bemüht hatte. Und sie geht ran!

Sie ist völlig entspannt, als ich ihr verkünde, dass ich relativ knapp eintreffen würde. Jetzt muss ich nur noch wissen, wo ich reingehen soll.

„Ach, kommen Sie einfach hoch in den ersten Stock und dann zeige ich Ihnen alles in Ruhe!"

„Äh, nein, ich komme wirklich auf den allerletzten Drücker und dann muss ich genau wissen, wo Türe, Aufzug etc. sind!"

„Ach, das sehen Sie schon, wenn Sie auf die Stadthalle zufahren, den Künstlereingang haben Sie doch schon einmal benutzt!"

(Ja, vor ungefähr zehn Jahren das letzte Mal…)

„Bitte geben Sie mir doch noch Ihre Handynummer, damit ich Sie anrufen kann, falls es noch wesentlich später wird!"

„Sie haben doch meine Nummer, auf der Sie mich gerade anrufen!"

„Ja, aber das ist ja Ihr Festnetz. Und da werden Sie wohl gegen 19 Uhr nicht mehr erreichbar sein, oder?"

Die fränkische Landschaft saust an mir vorbei. Mist, eine kleine Baustelle, Umleitung, kurze Konzentration, mein Navi ist verwirrt. Ich finde die richtigen Schilder.

„Aber ich habe doch IHRE Handynummer! Ich rufe Sie dann einfach an. Machen Sie sich keine Sorgen, sie brauchen ja auch keine Probe, das können Sie mit links!"

Danke für die Blumen, aber zumindest eine akustische Vorstellung vom Klang meiner Harfe in dem Saal mit dem Orchester wäre schon sehr zielführend…

Auch wenn ich da schon einmal war, habe ich keine Ahnung mehr.

Ich rase weiter, bei Kitzingen wieder auf die A3, noch 130 km.
Es ist viel Verkehr, aber es läuft.
Jetzt endlich raus aus der Dauerbaustelle, ich steige aufs Gas.
Um 18:55 Uhr, 35 Minuten vor Konzertbeginn, biege ich nach Langen bei Frankfurt ab, mein Telefon läutet.
Die Veranstalterin ist dran.
Wo ich denn wäre?
„Im Anflug, in vier Minuten bin ich da. Sind alle Türen offen?"
„Ja, der Bühnenwart steht bereit."
Ich rase um die Kurve, sehe den Bus des Orchesters, den Bühneneingang und: lauter verschlossene Türen.
Das kann doch jetzt nicht wahr sein.
Aus dem ersten Stock dringt Musik durch ein geöffnetes Fenster.
Die Einleitung zu meinem Concertino.
Ich drücke alle verfügbaren Klingeln, reiße die Harfe aus dem Auto, positioniere sie vor dem Aufzug, dazu Klavierstuhl, iPad-Notenständer, Kleidersack, Handtasche, CD-Koffer.
In dem Moment öffnet sich das Aufzugstor. Ein netter und praktischer Mensch hilft mir ohne groß zu fragen, wir fahren nach oben.
Ich stürze aus dem Lift, die Harfe im eisernen Griff mit direktem Schwung auf die nahe Bühne.
Und dann stellt sich mir eine Dame in den Weg.
An die Brust ein großes Buch gedrückt.
Fröhlich verkündet sie, dass sie vom Veranstaltungskomitee sei und das hier das große Gästebuch wäre, in das ich doch bitte unbedingt etwas hineinschreiben solle. Sie hätte schon die Seite markiert, „Bitte, ob Sie mal schauen wollen? Wir haben hier auch alle anderen Musiker schon drinnen, die bei uns aufgetreten sind, und wissen Sie, wir hüten es wie unseren Augapfel...!"

AAARRRGGGHHHHHH.

Freundlich, aber extrem kurz angebunden meine ich nur: NICHT JETZT!!!!!!!!!

Schnell die Harfe entblättern, neben den Dirigenten schieben, kurz Hände waschen (wie immer: Künstlergarderoben sind nur umständlich über viele Treppen und durch schwere Türen erreichbar) und dann habe ich noch acht Minuten bis zum Einlass des Publikums, um mit dem Orchester die strategischen Stellen einmal durchzuwürgen.

Uneingespielt, gut verkrampft, hungrig, genervt. Selbst schuld. Zumindest partiell.

Ich verziehe mich in einen nahen Requisitenraum, stimme die Harfe, spiele mich minimal ein, ab ins Kleid und dann los auf die Bühne. Um es kurz zu machen: Ich habe den Abend überlebt.

Beim Einpacken und SELBSTVERSTÄNDLICH nach Eintrag ins berühmte Gästebuch, steht die so herrlich unbekümmerte Veranstalterin vor mir und meint locker: „Und dann fahren Sie jetzt also wieder nach Hause?"

Lustige Frage. Nochmal fünf oder mehr Stunden nach diesem Tag? „Nein, sicher nicht. Ich werde mir jetzt erstmal ein Hotel suchen, um das habe ich mich nämlich noch nicht gekümmert!"

Da tritt eine Frau auf mich zu, die ich bislang gar nicht wahrgenommen hatte. Eine ehemalige Teilnehmerin eines Harfenkurses.

„Du kannst bei uns schlafen, wir haben genügend Platz!"

Der Glücksmoment des Tages!

Ein netter Plauderabend mit wunderbarer und liebevoller Versorgung schloss sich an.

Und am nächsten Morgen fuhr ich die 487 km mit Pause locker unter fünf Stunden zurück.
Geht doch.
Auch ohne Hubschrauber.
Aber schön wäre das schon....

5. Babysitterkompetenzen

Boarding um 14:40 Uhr in Hamburg, dann müsste es reichen, wenn ich um 14 Uhr am Flughafen bin, oder was meinen Sie?
Ich will ja nur mit Handgepäck nach Wien fliegen, um dann mit dem Zug über Salzburg nach Traunstein zu fahren.
So ist der Plan.

Gerade bin ich allerdings noch in Lingen im Emsland, wo ich gestern Abend ein feines öffentliches Hauskonzert spielen durfte.
Schon da hatte ich Glück, weil ich zuvor auf der Palliativmesse Leben & Tod in Bremen gewesen war und es geschafft hatte, für den Abbau meines Standes, dem Einräumen meines Autos sowie den 140, größtenteils Landstraße zu fahrenden Kilometern, genau die von mir eingeplanten 2,10 Stunden zu brauchen.
Pünktlich 20 Minuten vor Konzertbeginn war ich vor Ort gewesen, wo ein cooles Veranstalterehepaar entspannt in der Hofeinfahrt auf mich wartete.
Für nächstes Jahr haben sie schon das gleiche Paket gebucht.
Gute Nerven haben sie auf jeden Fall…!
Einfach Glück, wenn die Straße komplett frei ist.

Ich habe gut geschlafen, den herrlichen Garten der Gastgeber besichtigt und ein schönes Frühstück im Bauch. Jetzt geht es los Richtung Hansestadt, während meine Familie den sonnigen Muttertag ohne mich zelebriert.
In Hamburg wartet Ove zum Mittagessen mit Spargel auf mich. Er hat angeboten, meine Harfe sowie mein Auto für ein paar Tage zu beherbergen und mich zum Flughafen zu fahren.
„Das brauchst Du nicht, da fährt ja auch ein Bus!"
„Keine Widerrede, ich fahre Dich!"

Ove ist 91 und ein Gentleman, da brauche ich nicht daherzukommen mit öffentlichen Verkehrsmitteln und selbst ist die Frau…
Pünktlich um 14 Uhr liefert mich mein wunderbarer Chauffeur vor dem Terminal ab, geplanter Abflug, wie gesagt, 14:40 Uhr.
Ganz schön was los hier, denke ich, als ich die Halle betrete.
Aber das betrifft mich ja nicht, ich muss zum Terminal 2.
Dachte ich.
Aber: ES BETRIFFT MICH EBEN DOCH.
Man stellt sich nämlich zwischen den beiden Terminals für alle Richtungen an.
Ok.
Das kann jetzt nicht funktionieren.
Lange Schlangen mit genervt wirkenden Passagieren, gelang- weilten, handyspielenden Teenagern, nölenden Kleinkindern und weinenden Babys bevölkern die Halle.
So schaffe ich den Flug nie und nimmer.
Kommt davon, dass ich manchmal ab Salzburg fliege.
Einem Flughafen, der eher den Charakter einer Bushaltestelle hat.
Natürlich einer Bushaltestelle mit allem Pipapo, aber eben sehr übersichtlich.
Ich musste dort noch nie länger als drei Minuten beim Security-Check warten…

Mist, ich möchte jetzt echt dringend heim, damit ich am nächsten Tag meine Schüler unterrichten und einen Tag später ein Kirchenkonzert in Regensburg spielen kann.
Nächste Woche geht es dann wieder weiter mit Konzerten in Nordfriesland.
Deshalb diese Aktion mit Harfe 1 und Auto in Hamburg, Flug zu Harfe 2 und Auto des Mannes nach Hause und in fünf Tagen zurück in den Norden.

Immerhin 2000 km weniger auf der Straße.

Jaja, Ökobilanz und Harfe passen nicht wirklich zusammen, ich weiß.

Aber meine Familie braucht mich einfach auch ab und zu.

Und eine Woche „Rumhängen" kann ich nach meiner Rente.

Ich schlendere erst mal an der Reihe genervter Passagiere vorbei, als ich einen Eingang mit dem Hinweis „nur für Familien" sehe.

Eine sehr aufgeregte Dame beschäftigt dort gerade das komplette Security-Personal.

Da kann man ja mal schnell sein Handyticket auf den Scanner legen, oder?

Wird schon nicht drauf vermerkt sein, dass ich kein Kind dabeihabe.

Simsalabim, ich bin drin, Teil 1.

Und: Ich reise, wie so oft, mit den Göttern…

Direkt vor mir öffnet in diesem Moment eine hektische Angestellte vom Flughafenpersonal eine Extraspur für eine Familie mit Kinderwagen.

Meine Chance!

Ich klemme mich direkt dahinter und begrüße die vor mir laufende Mutter mit „Hallo, ich bin eure neue Babysitterin!"

Sie macht nur kurz ganz große Augen, um mich gleich danach freundlich anzulächeln.

„Ah, ok. Alles klar!"

Ihre ca. dreijährige Tochter ist mit der Situation etwas über- forderter.

Mehrfach schaut sie mich an und frägt „Und wer bist Du?".

Aber schon nach vier Minuten ist das Eis bei Emma gebrochen, wir ratschen uns gemütlich zum Security-Check durch.

Als die Mutter in den Körperscanner geht, komme ich meiner offiziellen Aufgabe nach, kümmere mich um Kind 1 und übernehme das Baby, das im Tuch getragen wurde, während der Vater mit dem Kinderwagen hantiert.

Mein Rucksack mit einer großen Packung Harfenersatzsaiten (u.a. jede Menge gerollter Draht) wird heute ausnahmsweise nicht vom Durchleuchtpersonal beanstandet, beim Smalltalk mit einer Servicedame erfahre ich, dass aktuell zwei Stunden Anstellzeit der Durchschnitt sind.

Danke für die Info!

Fünf Minuten vor Boarding bin ich am Gate.

Der Rest der Reise gelingt dann übrigens ohne Vordrängeln und Notlüge.

Immer gut, wenn man sich schon in jungem Alter Kompetenzen erarbeitet.

Da haben sich die Stunden rumgeschleppter (brüllender) und in den Schlaf gesungener Geschwister und Babysitterkinder also doch irgendwie ausgezahlt.

6. Stehrümmchen

Jetzt bin ich mal gespannt, wie gut Sie mich mittlerweile kennen.
Was meinen Sie, wie ich im folgenden Fall reagiert habe?

Als Triumphgemüse bekomme ich heute von einem äußerst netten
Veranstalter, der mit extrem viel Vorarbeit ein wunderbares Konzert in einer Kirche im Norden für mich organisiert und durchge-
führt hat, einen Blumentopf beim Schlussapplaus überreicht.
Wenigstens keine Schnittblumen, schießt es mir durch den Kopf.
Ich bin noch eine Woche im Auto unterwegs auf Tour.
Und auch keinen Alkohol, über den sich maximal mein Mann, unsere Besucher zuhause oder die Pubertiere freuen. Mir schmeckt er
einfach nicht.

Vor dem Altar stehend, strecke ich also die Hände aus, um das
Schmuckstück in Empfang zu nehmen.
Kennen Sie das, wenn sich der Körper schon auf etwas einstellt und
dann kommt es ganz anders?
Das Ding wiegt fast nichts, als es in meinen Händen landet.
Erstaunt schaue ich den Herrn an.
Er lacht, nimmt mir das Teil noch einmal aus der Hand, hält es sich
umgedreht über den Kopf und grinst.
Es ist ein Blumenkunstwerk - zugegeben, täuschend echt - aus Stoff,
Plastik, Klebstoff und Steckschwamm.
Versehen mit zwei neckischen Schleifchen.
Vielleicht sollte ich noch sagen, dass mich das einladende Ehepaar
im Vorfeld bereits zweimal zum Abendessen getroffen hat, ich seit
gestern bei ihnen zu Gast bin und wir uns schon sehr gut und per-
sönlich unterhalten haben.

Jetzt also ein Blumentopf mit weiß-rosa Blüten für mich, vielleicht handmade in China?

Ich bin irritiert. Das muss ich jetzt einfach mal so sagen.

Das Publikum applaudiert, es gibt Standing Ovations.

Und ich steh' da mit meinem Plastikkunstwerk.

Während ich die Zugabe spiele, überlege ich, dass mir die zwei am Nachmittag in epischer Breite von den sogenannten „Stehrümmchen" ihrer Schwägerin erzählt hatten.

„Da schenkt sie uns immer so handgetöpferte Staubfänger, die kein Mensch braucht und die man aber auch nicht entsorgen kann, weil sie beim nächsten Besuch der Verwandtschaft vorzeigbar sein müssen. Wir stellen sie dann jeweils aufs Klo."

Stimmt. Dort hatte ich die hohe Kunst der Volkshochschultöpferei schon bewundern können.

Meine Gedanken kehren zurück zur fast fertig gespielten Zugabe.

(Mit etwas Routine und im Autopilotmodus kann man auch mal ohne anwesendes Hirn zupfen. Das geht aber nur bei sehr häufig gespielten Stücken…).

Das Konzert ist zu Ende.

Ich erkläre einigen interessierten Zuschauern noch ein bisschen mein Instrument, signiere ein paar CDs und Bücher, ziehe mich in der Sakristei um, packe meine Harfe ein, rolle und trage alles zum Auto und freue mich auf ein Abendessen.

Halt, da kommt noch der Küster aus der Kirche gerannt.

In der Hand den Blumentopf, den ich auf dem Altar zwischengelagert hatte.

(Ein Schelm, der Schlechtes dabei denkt…).

Nach einer kurzen Fahrt erreiche ich das Haus meiner Gastgeber und Blumengesteck-Schenker.

Der Herr des Hauses verkündet feierlich, dass er zum Abschluss des gelungenen Tages noch eine Flasche Wein aufmachen will.

Seine Frau meint nur leicht amüsiert: „Ich möchte jetzt keinen und dass Silke nichts trinkt, weißt Du ja, Du hast doch ihr Buch gelesen!" (Und ja, wir waren auch schon zweimal beim Abendessen in Lokalen).

Etwas beschämt legt er den Flaschenöffner zurück in die Schublade und holt sich ein Wasser.

Mit dem Glas in der Hand, strahlt er mich kurz darauf freundlich an, um die Frage aller Fragen zu stellen (nein, nicht was Sie denken...):

„Und? Haben wir deinen Geschmack getroffen?"

Jetzt Sie:
Was habe ich geantwortet?
1. Klar, ich weiß auch schon, wo ich es hinstelle.
2. Ganz ehrlich, nein. Aber ich weiß jemand, der sich darüber freut.
3. Unbedingt! Ich habe eine ganze Sammlung davon.

Und?
Genau.
Antwort Nummer zwei.
Ich werde nächstes Jahr wohl wieder in dieser Kirche spielen dürfen und ich möchte nicht enden wie der Sandkuchen bei Gerhard Polt. Als dieser ein einziges Mal den staubtrockenen Backversuch der Bekannten positiv bewertete, musste er ab da jedes Mal beim Besuch den Kampf mit dem Staubmonster aufnehmen... „weil Du ihn doch so gern magst!"

Ich schiebe noch ein „Ich bin einfach kein DEKO-Typ" hinterher. (Und ich dachte eigentlich, dass das aus meinem ganzen Wesen einfach herauszulesen wäre.)

Eine Woche lang geht mir der Topf im Auto im Weg um.

Ich räume ihn von links nach rechts und zurück, aber er fügt sich nur schlecht in das ganze Sammelsurium in meiner Reisekutsche ein.

Was mache ich denn jetzt?

Eine Freundin, die ich auf dem Weg besuche und der ich von dem Stehrümmchen erzähle, meint: „Ach, ich schaue es mir gerne mal an!". Woraufhin ihr Mann sofort aus dem Hintergrund schreit: „Bloß nicht anlangen, sonst musst Du es nehmen!".

(Zu seiner Entschuldigung: Er hat eine SEHR christliche Schwiegermutter. In der Familie ist der Satz „Einmal berührt und schon katholisch" ein Teil der permanent mahnenden Lebensphilosophie...!)

Soll ich mich eventuell bei dem anstehenden 1100 km-Trip zurück nach Hause auf einer Autobahnraststätte doppelt erleichtern?

Vielleicht macht sich das Stehrümmchen ja auf einem Sanifair-Klo schön? Irgendwie klappt das Abgabe-Projekt aber nicht.

Entweder suche ich schnöde normale Parkplätze mit WC auf (und da passt es jetzt wirklich nicht hin, ein bisschen Niveau soll es ja schon haben) oder ich merke erst, dass ich den Topf wieder im Auto vergessen habe, als ich bereits hinter dem kostenpflichtigen Drehkreuz zu den Heiligen WC-Hallen in der Raststätte stehe.

Ich bin hin- und hergerissen. Die Veranstalter haben sich ja sehr empathisch etwas wirklich Praktisches für mich überlegt.

Ob ich das Teil nicht einfach doch in unser Wohnzimmer stelle?

Es hätte ein absolutes Stehrümmchen-Alleinstellungsmerkmal!

Ich bin sowieso kein Mensch mit grünem Daumen und unsere Topfpflanzen überleben nur, weil sie seit Jahren darauf trainiert sind, absolut unregelmäßig Wasser zu bekommen...

Eigentlich ist so ein gießfreies florales Gesamtkunstwerk doch nicht doof.

Auf der anderen Seite ist aber Abstauben jetzt auch nicht unbedingt mein Thema.

Ich bin auf meiner langen Fahrt schon beim Überqueren der vierten innerdeutschen Landesgrenze und finde keine Lösung.

Schlussendlich schafft es das Stehrümmchen bis zu mir nach Hause. Es hat etwas gelitten auf der Fahrt, aber man kann die künstlichen Efeublätter wieder gut an Ort und Stelle stecken und die Blüten geradebiegen.

Einige Tage steht es mahnend auf unserer Eingangskommode.

Dann habe ich einen Termin bei meiner Fußpflegedame.

Ich erzähle ihr erheitert die Geschichte.

10 Minuten später meint sie mitten in einem anderen Thema und völlig aus dem Kontext: „Mich würde schon interessieren, wie dieses Blumen-Arrangement aussieht."

Ach, sieh an!

Kommt jetzt Lösung in diesen Fall?

Ich zeige ihr ein Foto auf meinem Handy.

Ein Strahlen geht über ihr Gesicht.

Ich verspreche eine zeitnahe Anlieferung.

Fazit 1: Der Topf hat eine glückliche Besitzerin gefunden.

Das Fußpflegestudio ist jetzt veredelt mit einem dekorativen Stehrümmchen.

Wunderbar! Und ich darf es regelmäßig sehen bei meinem Besuchen.

Fazit 2 (auf die Gefahr hin, dass ich mich wiederhole):

Wenn es Triumphgemüse sein soll, liebe Konzertveranstalter, dann sehr gerne Mozartkugeln, Schokolade ohne Chichi oder nicht-aromatisierten Tee.

7. Von fehlenden Fähigkeiten

Sie zweifeln, dass ich es schaffe, die Begriffe „Harfenverstärker" und „Schweine auf der Autobahn" in einen sinnvollen Kontext zu bringen?
Dann lesen Sie doch mal….

Eine E-Mail erreicht mich aus dem Norden Deutschlands.
Ob ich mich mit Verstärkersystemen bei Harfen auskennen würde?

Da ich nach wie vor ohne elektronischen Firlefanz spiele, verweise ich den netten Herrn weiter an einen wirklichen Profi, es entsteht ein kleiner elektronischer Schnack.
Er sei ein Harfenist aus Friedrichstadt in Nordfriesland und wenn Corona vorbei wäre, könnte ich doch mal ein Konzert in seiner Stadt spielen.
Ich bedanke mich freudig für die Einladung, google, wo genau dieser Ort liegt und wünsche mir einmal mehr, dass dieser (1.) Lockdown nicht mehr ewig dauern möge.

Und: Mein Draht nach oben funktioniert mal wieder bestens.
Denn kurze Zeit später schreibe ich eine Konzertakquise-Bewerbung nach Amrum und bekomme praktisch zeitgleich mit dem Absenden der Nachricht einen Anruf von der Insel: „Du kannst 2021 auf jeden Fall kommen, aber eigentlich bräuchten wir Dich auch in 2 Wochen, wir dürfen in Schleswig-Holstein schon wieder Veranstaltungen durchführen. Kannst Du?"
Und wie ich kann!!!!! Endlich wieder spielen!
Amrum - Traunstein ist ja so ziemlich eine der weitesten Entfernungen innerhalb Deutschlands und so durchforste ich meine Kontakte, ob zusätzlich noch ein anderes Engagement kombinierbar

wäre. Da fällt mir Friedrichstadt ein. Der nette Kollege!

Und wieder typisch: Ich habe keine Ahnung mehr, wie er heißt.

So ein Mist!

Hektisch durchsuche ich meinen Computer.

Nichts. Das gibt's doch nicht.

Aber ich glaube, ich bin auch bei Facebook mit ihm befreundet.

Also scrolle ich mich durch über 4000 Freunde (von denen ich naturgemäß nur einen Bruchteil persönlich kenne).

Ich bin mir sicher, dass er auf dem Profilbild harfenspielend eine bayerische Lederhose trägt, was für einen Menschen kurz vor Dänemark doch eher nicht der Standard ist...

Und tatsächlich, ich finde ihn.

Glücklich schreibe ich ihm eine Nachricht, die umgehend beantwortet wird. Er freue sich riesig, wenn ich in Verbindung mit meinem Konzert auf Amrum auch in der berühmten Remonstrantenkirche in Friedrichstadt spielen könnte!

Eifrig planen wir den Auftritt und schon einen Tag später ist alles fix.

Natürlich möchte ich noch wissen, ob er das Problem mit dem Verstärker lösen konnte.

„Äh, welchen Verstärker?"

„Naja, Du hast mich doch gefragt, ob ich Dir da einen Tipp geben könnte!"

Hm. Das wäre er nicht gewesen.

Erste Zweifel an seiner oder meiner Zurechnungsfähigkeit steigen in mir auf.

„Du wolltest doch von mir wissen, welches Tonabnehmersystem ich empfehlen würde und ich habe dich an „Mister Harfensound" Ralf Kleemann verwiesen."

„Keine Ahnung, wovon Du sprichst, ehrlich gesagt!" (So wie er sich anhört, überlegt er anscheinend gerade intensiv, ob es wirklich eine gute Entscheidung ist, ein Konzert mit mir zu veranstalten und ob er aus der Nummer irgendwie wieder rauskommt.)

Ich bin ja bekannt für mein teilweise echt schlechtes Gedächtnis, aber ehrlich, da stimmt doch was nicht.

Am Ende finden wir die Lösung.

In Friedrichstadt gibt es doch tatsächlich zwei männliche Harfenisten!

Thomas hat mich zu einem Konzert eingeladen und mit Florian habe ich es nun (versehentlich) ausgemacht.

Wofür so ein namensdurchlässiges Hirn alles gut ist!

Das Konzert und der Abend danach in der Pizzeria mit allen Beteiligten bleibt in sehr schöner Erinnerung.

Aber die Geschichte geht noch weiter.

Im Herbst schreibt Florian, dass er von einer verstorbenen Harfenistin zwei Harfen geerbt habe und diese gerne weiterverkaufen wolle.

Ich empfehle ihm meine Freundin und Kollegin Sabrina in Stuttgart, die immer Instrumente für ihre Schüler sucht.

Der Verkauf klappt, die eine Klampfe kommt nach Baden-Württemberg zu einer jungen und glücklichen Harfenistin.

Kurz vor Sylvester – wir Musiker sind arbeitstechnisch schon wieder virusblockiert - ploppt eine Nachricht von Florian an Sabrina und mich in meinem Handy auf:

Er würde gerne mit dem Erlös aus dem Harfenverkauf zu Ehren der verstorbenen Freundin eine CD zum 400. Stadtjubiläum von Friedrichstadt und der Remonstrantenkirche machen und fragt, ob wir selbige einspielen könnten.

Der ursprünglich angefragte Organist wäre so unglaublich kompliziert und er bräuchte jetzt, ganz schnell, zickenfreie Profis…

Gratulation zu Ihrer Entscheidung, da sind Sie bei uns richtig!

Am besten alles gleich noch im Lockdown, da die Kirche nur einfach verglast und das rundherum aufnahmetechnisch störende Kopfsteinpflaster aktuell weniger befahren sei.
Tolle Idee, aber wir spielen nicht ein Melodieinstrument, wo man mal flott was Neues in CD-Qualität lernt…
Egal, hurra, ein Projekt, endlich Maximalanforderung!
Wir freuen uns ein Schnitzel in den Bauch und starten umgehend mit den Planungen.
Es soll Musik aus der Gründerzeit der Kirche um 1620 sowie aus der Zeit der Orgelrenovierung um 1850 sein.
Nun ist es ja so, dass harfentechnisch sowieso schon wenig Literatur insgesamt da ist, aber solch spezifische Anforderungen? Spannend!
Neben romantischen Duos werden wir auf jeden Fall auch Solomusik einspielen und ich finde nach viel Recherche und Durchgespiele eine wunderbare Cembalosuite des Händel-Zeitgenossen Johann Mattheson.
Damit Sie auch etwas lernen beim Lesen:
Johann Mattheson war ein berühmter Hamburger Komponist der Barockzeit. Bekannt ist er vor allem, weil er sich auf dem Gänsemarkt mit Georg Friedrich Händel duellierte - zum Glück ohne Schaden für beide. Ein großer metallener Knopf an Händels Rock ließ die Klinge des Gegners abbrechen.
Außerdem war Mattheson mit den Besonderheiten meines Instruments wohl vertraut, und vermerkte positiv den Klang der „angenehm schnarrenden und zum Accompagnement völlig geschickten Harfe, die mit fleischernen Saiten bezogen ist". (Was würde er nur dazu sagen, dass es heute tatsächlich Biocarbon-Harfensaiten gibt, die auch veganen HarfenistInnen ein Spielen ohne schlechtes Gewissen möglich machen…)

Zurück zur akuten CD-Planung:
Wunderbarerweise ist Sabrinas Partner ein Arrangement-Experte und er schreibt uns eine feine Bearbeitung einer Fantasie des niederländischen Komponisten Jan Pieterszoon Sweelinck, passend zur Gründungszeit der Kirche in Friedrichstadt.

Es ist wenig Zeit, Sabrina und ich treffen uns zu einer einzigen kurzen Probe in Baden-Württemberg.
Zwei Tage später, ein Anruf meiner Duokollegin: sie habe gerade mit unserer gemeinsamen Harfenfreundin Eva telefoniert, die uns androht, die Freundschaft zu kündigen, wenn sie nicht auf der CD mitspielen dürfe.
(Klarer Fall von Corona-Entzugserscheinungen…).
Wir erweitern das Portfolio um Trios und nun steht das Programm. Musik auf Konzertharfen und auch keltischen Harfen, wobei ich auf dem zweiten, noch nicht verkauften Instrument der verstorbenen Harfenistin spielen darf.
Im Februar machen wir uns aus drei Himmelrichtungen auf in den Norden. Das kälteste Wochenende des Jahres ist prognostiziert, wir sind alle völlig überdreht! Endlich reisen! Endlich arbeiten! Endlich gemeinsam Musik machen!
Wir haben noch nie zu dritt miteinander gespielt und trotzdem funktioniert es auf Anhieb. Die Kirche ist geheizt, die Akustik wunderbar, das Verwöhn-Catering durch Florian und Michael hervorragend, Tonmeister Ralf entspannt, es könnte nicht schöner sein.
Schnell ist unsere „Souvenir du Nord-Trio-CD" im Kasten.
So beglückt, ertrage ich dann auch eine komplette Nacht auf der Autobahn.
Den Rückweg hatte ich mir doch weniger anstrengend vorgestellt. Als ich am späten Nachmittag auf Hamburg zurolle, schneit es wie wild.

Für eine Alpenrand-Bewohnerin ist das an sich nichts Ungewöhnliches.

Aber schnell merke ich, dass das Schneeräummanagement im Norden irgendwie anders organisiert ist.

Ist es überhaupt organisiert?

Vor den Elbtunnels steht der Verkehr komplett, ich weiche durch die Innenstadt aus.

Alles ist wie gedämpft um mich herum. Hier sind kaum noch andere fahrende Autos zu sehen. Routiniert kurve ich durch den zentimeterhohen Schnee.

Dann erreiche ich die Autobahn. Jetzt hat es mindestens 20 cm weißen Belag, durchgehend auf allen drei Spuren, was für ein Spaß.

Mutig kämpfe ich mich vorwärts auf der A7.

Bei Hannover schneit es immer noch, auf der linken Spur ist länger kein Auto gefahren, die Schneedecke ist unberührt. Rechts reiht sich ein Lkw an den nächsten.

Na gut, dann nehmen wir mal die Mittelspur.

Mein ursprünglicher Plan war, noch bis nach Bayreuth zu fahren, aber mein Navi verschiebt die Ankunftszeit mit jeder Viertelstunde weiter nach hinten.

Ich informiere meine Freundin, dass ich sie anrufen würde, sobald ich in der Nähe sei, sie könne schon mal ins Bett gehen.

Nur zur Info:

Wenn Sie mal auf der Autobahn A2 Richtung Magdeburg fahren: Halten Sie sich exakt an die Geschwindigkeitsbegrenzungen, die Radaranlagen sind hochnervös...

Als ich nämlich endlich nicht mehr nur (die vorgeschriebenen) 60 km/h, sondern sogar mal 100 km/h fahren kann, blitzt es auch schon vom Straßenrand. Geht's noch?

Nicht mal die Straße räumen, aber Fotos verkaufen. (...bis heute ist aber nichts angekommen... Glück gehabt)

Im Radio wird jetzt vor Halle ein Stau angekündigt.

Da mein Bordcomputer seit Stunden sowieso schon nur rote, also verstopfte Straßen anzeigt, bin ich mir nicht sicher, ob das überhaupt noch ernst zu nehmen ist.

Ich fahre eigentlich die ganze Zeit so dahin - nicht schnell, aber immerhin, obwohl ja laut Verkehrsdurchsage eigentlich gar nichts mehr geht.

Soll ich rausfahren? Es scheint eine sinnvolle und kurze Umleitung zu geben. Ok, ich werde es probieren.

Gerade als ich mich für die Ausfahrt einordne, sehe ich 4 LKW hintereinander auf die Autobahn biegen. Die müssen es ja wohl wissen, denke ich und bleibe auf der Spur. Zwei Kilometer danach weiß ich es besser. Auch Brummifahrer können sich täuschen. Die nächsten zwei Stunden stehen wir nämlich gemeinsam auf der Stelle.

So lange braucht es anscheinend, um Schweine aus einem umgefallenen Tiertransporter einzufangen. (Sehen Sie, hier schließt sich der Kreis zum Harfenverstärker!)

Mittlerweile ist es weit nach Mitternacht. Ganz toll. Eine Übernachtung in Bayreuth habe ich bereits abgehakt, meine Freundin soll durchschlafen, außerdem müsste ich zwei Harfen, die ich mit im Auto habe, umständlich bei ihr ausladen, es ist eisig kalt.

Ich nehme mir das Motel am Hermsdorfer Kreuz vor.

Es schneit aktuell wie wild, die Autos werden weniger.

Als ich endlich an der Rastanlage ankomme, bin ich verwirrt. Wo bitte ist das Motel? Ich kurve völlig verplant durch den Schnee und stehe auf einmal vor einer Polizeistation. Wie bescheuert ist das denn jetzt?

Egal. Wieder völlig wach beschließe ich, einfach weiterzufahren.

Mein Bettzeug liegt hinter mir, erfrieren muss ich also nicht.

Eisregen, Schneefall, trockene Straße, Nebel: Es ist abwechslungsreich so auf dem Weg durch den nächtlichen Frankenwald.

Kurz vor Nürnberg wird es langsam wirklich anstrengend. Eine Pause ist nötig und der nächste Rastplatz nähert sich. Eine schnelle Mütze voll Schlaf und kurz vor 8 Uhr bin ich dann nach mehr als 16 Stunden im Auto tatsächlich sicher zuhause.

Völlig verstrahlt wanke ich in mein Bett.

Am nächsten Tag lese ich in der Zeitung, dass es genau um meine Ankunftszeit viele Glatteisunfälle in Traunstein gegeben hatte.

Da war mein Schutzengel wieder sehr aufmerksam.

Und ein weiteres Mal bin ich mir sicher: Zufälle gibt's nicht.

Auch wenn ein schlechtes Namensgedächtnis hier doch einen großen Anteil hatte...

8. Gelebte Biologie

Eine Woche mit komplizierter zeitgenössischer Musik in einem Ensemble in St. Gallen steht an.

Ich habe sehr viel dafür geübt und bin gespannt auf die Proben- arbeit sowie die Konzerte.

Kurz noch die Wäsche aufhängen, damit sie über Nacht trocknen kann, morgen Früh geht es los von meinem Studienort Lausanne am Genfer See 300 km weiter in die Ostschweiz.

Im sechsten Jahr meines Studiums wohne ich nicht mehr in der Bauernhof-WG in einem Vorort, sondern in der Stadt in einem fünfstöckigen Mehrfamilienhaus mit Waschmaschine im Keller.

Dort ist auch der Trockenraum, und den werde ich jetzt schnell aufsuchen.

Die Hälfte der Wäsche hängt schon, da passiert es.

Beim kräftigen Ausschütteln eines Kopfkissenbezuges löst sich ein, wohl nicht mehr gut angenähter, Knopf und knallt mir mit voller Wucht auf das zum Glück reflexartig geschlossene Lid.

Eigentlich merke ich es gar nicht richtig, weil alles so schnell geht, aber als ich das Auge wieder aufmache, sehe ich nicht mehr ordentlich.

Meine Sicht ist verschwommen und wird auch durch Zwinkern nicht klarer.

Ich lasse alles stehen und liegen und laufe irritiert und gestresst hoch in meine Wohnung, um in den Spiegel zu sehen.

Einäugig nehme ich wahr, dass die Iris blutunterlaufen ist.

Schmerzen habe ich keine, aber normal ist das jetzt auch nicht.

Ich rufe meine pragmatische Mami an, die ganz früher bei einem Augenarzt gearbeitet hat.

Sie rät zum einfach-mal-ins-Bett-legen und bis morgen warten.

Diese Taktik deckt sich nicht wirklich mit meiner Idee von „Gesund bis ins hohe Alter…"

Ich bin doch etwas anders gestrickt.

Besorgt rufe ich meine Freundin Mahalia an.

Ob sie mich bitte ins Krankenhaus fahren könnte?

Sie wohnt zum Glück nicht weit, macht sich sofort auf den Weg und parkt wenig später mit mir im Gepäck vor dem Universitätskrankenhaus.

Die Damen an der Anmeldung sind sehr freundlich, schicken uns aber direkt weiter in die Augenklinik in einem anderen Stadtviertel. Es ist mittlerweile 23 Uhr.

Im Hôpital ophtalmique angekommen, werden wir von einer älteren Nachtschwester begrüßt. Typ sehr robust und durch wenig zu erschüttern. Sie ist herzlich und erfrischend direkt.

Beim Blick auf mein Auge meint sie:

Ach, das nehmen wir Ihnen jetzt raus, waschen es durch und dann setzen wir es Ihnen wieder ein.

HILFE!!

Wo bin ich hier?

Zuerst zweifle ich an meinen Sprachkenntnissen, aber nach fünf Jahren französischer Schweiz, habe ich die Dame schon ganz richtig verstanden.

So oft hat man ja mit einem Auge nicht zu tun, aber kann man das wirklich einfach so herausnehmen??

Mein Bioleistungskurs ist eigentlich auch noch nicht so lange her. Hätte ich doch mal besser aufgepasst.

Ich sehe mich schon die nächsten Konzerte mit Augenklappe spielen.

Und anscheinend ist meine Gehirnkapazität für „einfach mal Nachdenken" aktuell nicht ausreichend.

In dem Moment grinst die Nachtschwester ganz freundlich, schüttelt beruhigend den Kopf und setzt mich auf einen Stuhl vor einem Tisch. Ein junger Arzt kommt herein, untersucht mich ein paar Minuten mittels einiger Apparaturen und meint dann:
„Geben Sie einfach Ruhe!
Der Augapfel ist durch den Anprall des Knopfes wie eine Schneekugel geschüttelt worden.
Es braucht einige Zeit, bis sich alles im Augeninneren wieder beruhigt."
Ich sollte die nächste Woche nicht lesen, nicht Harfe spielen, einfach nur stillhalten.
Und wer hatte mal wieder recht…?
Meine wunderbare Mami lag eigentlich ganz richtig mit ihrer fernmündlichen Diagnose.

Der junge Arzt würde mich gerne über Nacht dabehalten, aber ich brauche meinen Kalender, mein Adressbuch, mein Telefon, mein eigenes Bett.
Ich verspreche, am nächsten Tag zur Kontrolle zu kommen.
Er klebt mir einen Plastikschutz mit kleinen Löchern übers Auge und entlässt mich nach Hause.
Die Konzerte sage ich noch in der Nacht per SMS ab, keine Ahnung, wer jetzt diese schwierige Stimme spielen soll. Aber ich kann wirklich nichts machen.
Am nächsten Morgen fahre ich mit dem Bus zur Klinik, die Kontrolle verläuft problemlos, ich sehe leider noch nicht wirklich besser als gestern Abend.
Aber die untersuchende Ärztin beruhigt mich. Es wäre alles unter Kontrolle, ich müsste mich nicht stressen. Ich solle mich weiter ruhig halten und einfach mal nichts tun.
Genau nicht meine Kernkompetenz…

Vier Tage später, eine weitere Kontrolle.

Mehrere Nächte habe ich von Krankenschwestern geträumt, die mit Sidolinspray und Fensterleder Augäpfel polieren, die aus Versehen auf dem Boden gelandet sind. Wird Zeit, dass ich dieses Problem abschließen kann, ich möchte endlich üben und arbeiten.

Schmerzen habe ich keine, mein Blick ist wieder fast ungetrübt, das Blut ist aus der Iris verschwunden.

Der Arzt untersucht, murmelt etwas, holt einen Kollegen.

Jeder darf mal schauen, dann meint der Ältere der beiden:

„Da haben Sie ja einen schönen Riss in der Netzhaut! Den werden wir jetzt gleich mal noch lasern!"

Ohne lange Erklärung machen sich die zwei ans Werk, nicht ohne mir aber vorher schön Angst zu machen, dass sich bei Nichtbehandlung leicht eine Blindheit einstellen könnte.

Wenn sich die Netzhaut ablöst, verliert man sein Augenlicht.

Und wenn ein Auge betroffen ist, zieht es anscheinend oft das andere dann gleich mit.

Ok, ok, bitte machen Sie einfach.

Am Tisch sitzend, das Kinn auf einer Ablage, setzen sie mir ein Ding aus kühlem Glas direkt auf den Augapfel, was meinen Lidschlag verhindern soll.

Ich muss stillhalten und soll nicht zucken.

Ich wappne mich innerlich, aber was dann kommt, überfordert mich doch sehr.

Völlig ausgeliefert, schießen mir die Herren minutenlang ca. 40 supergrelle, grüngelbe Blitze direkt durch die Pupille ins Auge und gefühlt direkt ins Gehirn.

Ich möchte weg und darf nicht.

Danach bin ich bedient. Mein Kopf brummt, mir ist schlecht.

Ich will nur noch nach Hause, zu meiner Familie.

Den letzten Zug nach Deutschland kann ich noch erreichen, wenn ich mich beeile.

In meiner Wohnung packe ich einen schnellen Rucksack, klemme mir eine tragbare 17 kg – 1,70 m hohe Volksharfe unter den Arm (die eh nach Traunstein muss), springe in den Bus und kurz danach in den Zug nach München.

Die Ärzte haben mir mitgegeben, dass ich mich möglichst nicht anstrengen soll, damit die Narbe am Augenhintergrund nicht aufgeht. Jetzt habe ich erst einmal ein paar Stunden, in denen ich meinen Puls nicht belasten muss. Die Reise durch die Schweiz, ein Stückchen Österreich und das Allgäu über Lindau nach Oberbayern dauert.

Bei der Einfahrt in die bayerische Hauptstadt sind wir ziemlich verspätet.

Mist, ich muss unbedingt den letzten Regionalzug Richtung Salzburg erwischen.

Es hilft nix. Ein Sprint mit Harfe unterm Arm bis zum weit außen liegenden Seitenbahnhof. Mit Brummschädel und frisch gelasert.

Eindeutig die Wahl zwischen Pest und Cholera.

Mein Herz pumpt aufgeregt vor sich hin, aber ich schaffe gerade noch den Umstieg.

Erschöpft falle ich in den Sitz.

Die Herren in Lausanne haben gut gearbeitet, alles ist bis heute heil geblieben.

Und wenn noch einmal so etwas passiert:
Die Frage, ob man ein Auge einfach so rausnehmen kann, kann ich jetzt definitiv mit NEIN beantworten!

9. Ländliche Idylle

Wer hätte gedacht, dass es ein Protagonist aus dem ersten Buch mit einer Fortsetzungsgeschichte ins 2. Buch schafft?

Ich darf wieder einmal auf einem meiner Lieblingsfestivals spielen. Laut Intendanten gehöre ich zur quasi an ihn weitervererbten Standardeinrichtung und ihm war bei Übernahme des Postens gesagt worden, dass er bloß nicht auf die Idee kommen solle, mich nicht einzuladen, weil sonst wieder zu viele böse Briefe ans Büro kämen… DANKE, liebe Fans!

Ich fahre durch die hügelige Landschaft und komme weit vor der Zeit im Konzertort an.
Nachdem ich geparkt habe, gehe ich auf die Suche nach dem Schloss. Es steht, nicht besonders imposant, integriert in eine Häuserzeile an der einzigen Hauptstraße, davor ein in die Hofmauer eingelassener Brunnen.
War ich hier nicht schon einmal?
In dieser Ecke kenne ich bereits viele Schlösser, Kirchen, Konzertsäle und Rathäuser, somit ist die Verwechslungsgefahr hoch.
(Meine Merkunfähigkeit von Gesichtern und Namen ist leider direkt auch auf Gebäude übertragbar.)
In dem Brunnen vor meinem späteren Auftrittsort ist eine weiße Schaummasse zu sehen. Beim näheren Inspizieren finde ich einen darin treibenden Feuerlöscher. Da hat sich wohl jemand einen dummen Spaß erlaubt.
Das ist aber jetzt nicht mein Problem, ich habe momentan zur Abwechslung Hunger, da kommt mir das Schlosshotel 100 m weiter gerade recht.
Drinnen das in diesen Zeiten übliche Schild: „Maskenpflicht! Wir

führen Sie zu Ihrem Platz". Also warte ich.

Die Köche aus der Küche winken mir fröhlich durch große Fenster zu, kümmern sich aber sonst nicht um meine Anwesenheit.

Ein Gefühl wie: bestellt und nicht abgeholt...

Von der Terrasse höre ich leises Gemurmel.

Ich warte weiter.

Drei Minuten, vier Minuten, und dann treibt mich mein knurrender Magen mutig an dem Regelwerk vorbei ins Freie.

Ein eilfertiger Kellner stellt sich mir in den Weg und auf meine Frage, ob er einen Platz frei hätte, meint er sehr blasiert und nach einem prüfenden Blick auf meine Garderobe, nein, sie seien komplett ausreserviert. Aber es gäbe ja noch andere Lokalitäten am Ort.

Nette Menschen hier, denke ich mir und verschwinde von diesem Platz vollendeter Höflich- und Gastlichkeit.

Mein Handy weiß noch zwei andere Restaurants in der Ecke, dann würde ich es eben dort versuchen.

Leider weiß mein IPhone nicht, dass das eine Lokal gar nicht mehr existiert, während sich das andere als schnöde Hamburgerbude entpuppt.

Da auf meinen Reisen das Restaurant mit dem gelben M (zwangsweise) öfters Besuch von mir bekommt, muss es jetzt nicht auch noch am Sonntagmittag vor einem Konzert schnödes Fastfood sein. Was tun? Ich bin echt hungrig!

Am Tag zuvor hatte ich in Erfurt auf der Bundesgartenschau gespielt, mein letztes warmes Essen war - zur Abwechslung - nur Fastfood gewesen.

Nach einer genervten Runde durch den Ort habe ich eine Idee.

Ich rufe im Schlosshotel an, wo ich vor ein paar Minuten noch so schnöde abgewiesen worden war an, melde mich als Sekretärin des Festivals und frage, ob für die Solistin des heutigen Konzertes noch ein Platz frei sei, sie habe nämlich Hunger.

„Ist sie denn geimpft?"- „Ja, selbstverständlich!"- „Ja, dann kann sie vorbeikommen, wir haben noch einen Platz."

Na also, geht doch. Man muss sie nur zu ihrem Glück zwingen…

Ich spaziere kurz darauf wieder durch die Tür, durch die ich vor 20 Minuten schon einmal (ungebeten) gegangen war. Auf der Terrasse erkläre ich dem verdutzten Kellner mit dem blasierten Blick, dass mich das Künstlerbüro angerufen habe und ich demnach hier essen könne.

„Tatsächlich ist gerade ein Tisch frei geworden" meinte der Ober, nach wie vor herablassend und führt mich zu dem angeblich eben erst freigewordenen Tisch.

Es ist übrigens nicht der einzige freie Tisch.

Auch zwei andere Tische haben noch eine derart akkurate Bügelfalte in der Tischdecke, dass ich nicht glaube, dass sie heute überhaupt schon benutzt worden sind.

Vielleicht sind es Corona-Abstandshalter? Kann ja sein.

Bald darauf sitze ich vor einem wunderbaren Nudelgericht.

Ein Foto davon schicke ich meinem Cellisten und seiner Freundin, die im Auto auf dem Weg zu mir sind.

Ob sie auch Hunger hätten, dann würde ich ihnen noch etwas bestellen, da die Küche demnächst schließen würde.

Tolle Idee!

Also übermittele ich sofort die Speisekarte per WhatsApp, woraufhin die Nachricht kommt, dass sich die beiden soeben in der Ausfahrt vertan hätten („Bitte den Fahrer nicht stören, vor allem nicht mit Essensinformationen…"), jetzt im Stau stünden und ich erstmal nichts bestellen sollte.

Ob wir aber vielleicht nach dem Konzert im Schlosshotel essen gehen könnten?

Diese Frage stelle ich dem blasierten Kellner beim Hinausgehen.

Seine Antwort: „Nein, wir sind komplett ausgebucht! Der Bürger-

meister hat zwar einen Tisch für 10 Personen nach dem Konzert reservieren lassen, aber da sind Sie ja sicher nicht mit vorgesehen!"
Charmant der Herr, wirklich charmant.
Egal. Ich werde mich jetzt um mein Instrument kümmern.
Vielleicht ist ja schon jemand zum Aufsperren da, ich bin noch etwas vor der Zeit.
Ich hole mein Auto aus der Tiefgarage und fahre die paar Meter zum Schloss, vor dem ein aufgeregt telefonierender Mann sitzt.
Kommt der mir nicht bekannt vor?
Er gestikuliert mit hochrotem Kopf und schon beim Aussteigen trifft mich ein Schwall gebrüllter Wörter wie „Feuerlöscher… Brunnen… Vandalen!"
Ah, der Brunnennotfallmanager.
Er legt auf und stürmt auf mich zu. „Haben Sie das gesehen? So eine Unverschämtheit! Jetzt müssen wir den ganzen Brunnen leeren und die Feuerwehr muss extra kommen, um die Ausleitung zu überwachen, und wenn jetzt die Umwelt verseucht wird, was sind das nur für Idioten…!"
„Grüß Gott, das tut mir sehr leid! Wie gut, dass die Rettung naht! Ich bin auf jeden Fall die Harfenistin und spiele heute ein Konzert hier."
Ja, ja, er würde mich doch eh schon kennen. Aha?!
Außerdem hätte er das Haus bereits für mich aufgesperrt. Ungefragt macht er sich sofort an der Heckklappentür meines Autos zu schaffen. Geht's noch? Das habe ich sowas von gestrichen.
„Hallo, danke, das mache ich gerne allein, selbst ist die Frau und so!"
Er rückt mir kaum von der Pelle, als ich die Harfe aus dem Auto ziehe und auf mein Wägelchen verfrachte.
Während ich Stuhl und Klamottensack zusammensuche, klammert er sich an meine Harfe.

„Sie müssen sie nicht festhalten, sie steht von selbst."

„Ich bewache sie ja nur!"

„Entschuldigen Sie, aber ich würde Sie bitten, die Harfe einfach mal in Ruhe zu lassen, sie steht wirklich absolut von selbst."

Und wieder zuckt es durchs Gehirn.

„Den Typen kenn ich doch!" Irgendetwas triggert er bei mir. Ich komme schon noch drauf.

Aber jetzt erst einmal die Harfe ins Schloss.

Er ist schon im Anwesen verschwunden, irgendwie klappt das mit der Arbeitsteilung nicht so recht.

Ich Harfe, er Türe öffnen zum Beispiel.

Mühsam ziehe ich sie mir also selbst auf, die Harfe auf dem Wägelchen schräg im Arm. Soll ich künftig schriftliche Anweisungen abgeben wie: Türen aufsperren und aufhalten wäre schön, den Rest mache ich gerne selbständig?

Oder bin ich zickig und erwarte zu viel vom Hausmeister?

Wo ist er denn nun?

Im Foyer des Schlosses habe ich wieder das Gefühl, dass ich an diesem Ort schon mal war. Aber mir fehlt nach wie vor die konkrete Erinnerung. Komisch.

Rechts gehen Treppenstufen hoch, ich höre ihn von oben rufen. Also dann ziehe ich mein Instrument mal ins Zwischengeschoß.

Ganz bestimmt, hier habe ich mich schon einmal so abgemüht mit der Treppe. Und zwar bis hoch in den Konzertsaal. Ich erinnere mich endlich, es ist eine halbrunde Wendeltreppe, super mühsam mit dem Harfenwägelchen.

Der Schlüsselmächtige steht jetzt vor mir auf einem Absatz, zeigt zu einem in der Ecke liegenden Aufzug und meint:

„Den können Sie benutzen, da passt das Instrument gut rein!"

„Hä? Seit wann gibt es denn den? Das letzte Mal musste ich die Harfe über die Treppe ziehen".

„Nein, da täuschen Sie sich, Sie haben beim letzten Mal den Lift benutzt, den gibt es schon immer!"

Und jetzt fällt es mir wie Schuppen von den Augen!

Das Rumpelstilzchen auf Ecstasy!

So habe ich ihn in meinem ersten Buch „Lebenslänglich Frohlocken" nach unserem ersten Aufeinandertreffen bezeichnet. Mit leicht ironischem Unterton sage ich zu ihm:

„Jetzt weiß ich auch, wer Sie sind!

Sie kommen in meinem ersten Buch vor, weil Sie sich beim letzten Mal so unmöglich benommen haben.

Sie hatten mir damals unterstellt, dass ich zwei Stunden zu spät gekommen wäre und sie deshalb nicht auf eine Familienfeier gehen hätten können.

Und dass Sie den Haustürschlüssel im Brunnen versenkt hätten, wenn ich nur fünf Minuten später in den Hof gefahren wäre."

(Nur so viel: Es war damals nicht mein Fehler gewesen…).

Seine Antwort kommt wie aus der Pistole geschossen:

„NEIN NEIN, DAS WAR NICHT ICH! DAS WAR MEIN STELL-VERTRETER!"

Alles klar.

Oben angekommen ist der Mann nicht zu sehen.

Na, vielleicht schickt er ja gleich seinen Stellvertreter…

Jetzt erinnere ich mich auch, wo der Saal ist, ziehe die Harfe dort hin, packe sie aus und spiele mich entspannt ein, bis mein Mitmusiker ziemlich verspätet und genervt eintrifft.

Mein HUNGRIGER Mitmusiker.

Ob es allerdings jetzt noch etwas gibt im Schlosshotel? Ich habe da so meine Zweifel.

Seine Freundin probiert es trotzdem und macht sich auf den Weg.

Zehn Minuten später steht sie wieder vor uns, völlig frustriert.

Der Küchenchef im Hotel hätte sie angebrüllt, was sie sich erlauben würde, am heiligen Sonntag um 14 Uhr noch um eine warme Mahlzeit zu bitten.

Sie sei sofort geflüchtet.

Mittlerweile ist auch eine Dame vom Festivalbüro eingetroffen und hört sich die Story an. Ein resoluter Griff zum Telefon, maximale Deeskalation und kurz danach die Nachricht, dass jetzt doch noch ein Mahl bereitet werden würde.

Sie scheint diesen Menschenschlag gut zu kennen, wie sonst könnte sie so schnell und ohne große Aufregung eine Lösung erreichen?

15 Minuten später eilt mein blasierter Kellnerfreund und bringt – stilecht geschützt unter silbernen Hauben (wenigstens das können sie anscheinend wirklich gut) – das Lunch für Mathias und Kathi.

Während die beiden essen, sehe ich unten im Hof einen Menschenauflauf.

Der aufgeregte Hausmeister diskutiert mit Feuerwehrleuten und Polizisten, in der Ferne hört man ein Martinshorn.

Sie werden ihr Problem schon bis zu Anfang des Konzertes geklärt haben.

Derweil stimme ich lieber mal meine Harfe, Mathias wird gleich dazukommen, damit wir uns etwas einspielen können.

Das Programm haben wir vor über einem Jahr in einem Lockdown beim SWR in Kaiserslautern für eine CD eingespielt, das meiste sitzt noch gut.

Wir sind pünktlich zum Einlass des Publikums fertig mit unseren Vorbereitungen und ziehen uns in die Garderobe zurück.

Dort taucht kurz danach der Bürgermeister auf. Er wird eine kleine Ansprache zu Beginn halten und ich erzähle von meinen Eindrücken des heutigen Tages.

Er scheint vom selben Schlag wie die Frau aus dem Festivalbüro zu sein, er wirkt nicht sonderlich erstaunt.

Seine Mitbürger wären tatsächlich etwas „robust", er würde seine Pappenheimer schon länger kennen. Und wenn wir mit zum Essen ins Schlosshotel gehen wollten, würde er sich sofort darum kümmern, er bekomme dort immer einen Tisch.

Ich lehne dankend ab, wir hätten mittlerweile im nächsten Ort etwas reserviert.

Und ich muss ja heute auch nicht länger als nötig an diesem so gastfreundlichen Ort bleiben…

Das Konzert läuft sehr schön, bis wir zum Werk von Rossini kommen.

Das Stück begleite ich seit vielen Jahrzehnten, es ist für die Harfe ausnahmsweise bequem und leicht und daher übe ich es auch nicht extra.

Also haben wir es in der Probe gar nicht durchgespielt.

Ein kleiner Fehler, wie sich jetzt nach ca. 3 Minuten herausstellt.

Ich hatte im ersten Lockdown von Papiernoten auf iPad, also ein elektronisches Tablett zum Notenlesen umgestellt, was wirklich großartig ist.

Früher hatte ich Stunden mit Tippex-Geschmiere, Kleber, Schere und Extrakarton zugebracht, um mir die Noten blätter-und lesbar zu machen.

Jetzt geht das alles ganz geschmeidig elektronisch, gut hinterleuchtet für eine perfekte Lesbarkeit, geblättert wird mit einem Fußpedal. Und so blättere ich also um, um gleich festzustellen, dass das Cello etwas völlig anderes spielt, als ich.

Hier fehlt etwas.

Nur wo ist es?

Beim Spielen von einem Bildschirm verliert man leichter die räumliche Übersicht, die man auf Papiernoten hat.

Es stehen nicht wie früher zwei bis vier DinA4-Seiten nebeneinander auf dem Notenständer, sondern eben nur noch eine einzige DinA4-Seite direkt vor der Nase. Beim Tritt auf das Pedal erscheint dann jeweils die nächste halbe Seite, pro Seite muß ich also 2x blättern.

Sind Sie verwirrt?

Geht mir beim Blättern öfters so.

So auch jetzt.

Bin ich falsch auf mein Fußpedal gestiegen?

Oder verspielt sich Mathias gerade?

Dadurch, dass wir das Stück das letzte Mal zur CD-Aufnahme vor mehr als 12 Monaten gespielt haben, fehlt mir jetzt alles an Info, was ich dringend brauchen würde.

Tonart? Keine Ahnung! Rhythmus? Null Plan.

Ich schwimme komplett.

Mathias schaut leicht irritiert („Bitte brich' jetzt ja nicht ab!!!" beschwört ihn meine innere Stimme), dreht aber dann die volle Solonummer auf und segelt virtuos durch seine Stimme.

Ich setze derweilen ein Pokerface auf und dilettiere vor mich hin.

Faken auf der Harfe, meine Güte, wie peinlich.

Manche Akkorde stimmen, andere gar nicht, ich habe einfach so überhaupt keine Ahnung, was zu tun ist.

Nach ungefähr einer Minute ist der Spuk vorüber.

Erleichtert kann ich in meinen Noten wieder sehen, was das Cello spielt. Und somit sinnvoll und richtig begleiten.

Furios können wir das Stück zum Ende führen und - Praxistip Nr.1 in der Kammermusik - unbedingt zusammen aufhören.

Im Nachhinein checke ich, dass ich einfach vergessen hatte, zwei Seiten zu scannen. iPad-Anfängerfehler…

Kann ja mal vorkommen.

Der Kritiker von der örtlichen Zeitung jedenfalls hat nichts gemerkt, er überschlägt sich fast bei seiner Rezension, und den Rossini fand er besonders schön und virtuos.
Ich habe auf jeden Fall bei dieser Konzertreise wieder jede Menge gelernt fürs Leben.
Und wie immer:
Danke an alle NETTEN Hausmeister!
Und NETTEN Kellner…

10. Morning has broken

Nachdem ich mittlerweile bis auf Afrika jeden Kontinent musikalisch besuchen durfte, habe ich auch schon fast zu jeder Uhrzeit ein Konzert gespielt.

Mitternachtsmessen an Weihnachten, Osternächte in kaum beleuchteten Kirchen („Nein, ich kann leider nicht im Dunklen spielen und auch nicht mit einer einzigen Kerze"), einen Braut- walzer am späten Abend, Beerdigungen um die Mittagszeit, kurz:

Ich habe einiges an Erfahrung gesammelt.

Diesmal sollte es etwas ganz Neues sein:

Musik zum Damenfrühstück bei der Weltsicherheitskonferenz in München.

Morgens um 7 Uhr.

Zuhause losgefahren um 04:30 Uhr, treffe ich sehr pünktlich mit Vorlauf in der Münchner Residenz ein.

Die Sicherheitsauflagen sind wie immer dem Anlass angemessen: Nummernschildüberprüfung, Parkgenehmigungszettelüberprüfung, Ausweiskontrolle.

Zum Glück darf ich öfters in den heiligen Hallen nahe der Staatskanzlei spielen, von den Securityleuten kenne ich einige über die Jahre.

Daher bekomme ich auch die Erlaubnis, mit dem Auto über den Brunnenhof direkt bis vor die Türe zu fahren, um mein Baby ausladen zu können.

Die Herrschaften des Protokolls schauen noch müde aus der Wäsche als sie mir meinen Platz im Residenzsaal, mit den riesigen Gobelins an den Wänden, zuweisen.

Die zahlreichen Tische sind schön gedeckt, Etageren mit Köstlichkeiten, silberne Brotkörbchen, dekorierte Obstschalen, feine Servietten. Die Damen sollen es wenigstens nett haben, wenn sie schon so früh einen Termin absolvieren müssen.

Ich stimme mein Instrument, raus aus der Jeans, rein ins Abend- respektive Morgenkleid, ich bin bereit.

Die Türen öffnen sich, Damen aus verschiedenen Kulturnationen betreten den Saal, tuschelnd, lachend, interessiert.

Eine kleine Rede des Protokollchefs eröffnet das Frühstück und ich spiele Passendes aus meinem Repertoire.

Eine Basssaite klingt heute echt seltsam, ich stimme sie mehrmals kurz nach, irgendwie hält sie aber die Spannung nicht.

Ich backgrounde vor mich hin bis mir ein Securitymann ein Zei- chen gibt.

Der oberste Chef wird noch eine Ansprache halten.

Es wird ruhig im Saal, alle Augen sind auf den Sprecher gerichtet.

Er beginnt seine Begrüßung launisch auf Bayerisch, wechselt zu Deutsch und dann weiter zu Englisch. Ein guter Redner, er weiß, wie er mit seinem Publikum spielen kann.

Die Damenwelt hängt an seinen Lippen.

Gedankenverloren schaue ich an meiner Harfe nach oben zur Säule und den tiefen Basssaiten.

Was wäre, wenn jetzt mit einem lauten Knall, der sich immer wie ein Pistolenschuss anhört, eine dieser tiefen und langen Stahlsaiten reißen würde?

Die, die schon vorhin so komische Geräusche gemacht hat?

1,75 m Draht, die völlig unkontrolliert um mich herumwirbeln.

Dazu ein ebenfalls wirbelndes Sicherheitspersonal.

Die Hände unter ihre Sakkos geschoben, würden sie Richtung Spre- cherpult stürzen und den dort gerade noch stehenden Herrn unter sich begraben.

Kreischende Damen mit eingezogenem Kopf schutzsuchend un- ter den Tischen, rutschende Tischdecken, Geschirrgeklirre, großes Tohuwabohu.

Am nächsten Tag die Schlagzeile:
„Harfe stört Damenfrühstück bei der Weltsicherheitskonferenz!"

Dies alles bleibt mir zum Glück erspart.
Die besagte Harfensaite gibt erst auf der Heimfahrt im Auto ihren Geist auf.
Sie reißt geräuschvoll und lässt mich am Steuer, in der einen Hand ein Croissant haltend, zusammenzucken.
Schon gut, wenn man nicht am Tisch frühstückt, wenigstens fliegt mir jetzt kein Geschirr um die Ohren…

11. Stille Nacht!

Kompletter Lockdown - mal wieder - und dann ruft das ZDF an, ob ich in der Weihnachtssendung von Startenor Jonas Kaufmann mitspielen kann und möchte.

Yesssssss!

Die Sache hätte nur einen kleinen Haken, meint der Regisseur, den ich schon lange kenne.

Ich müsste Playback spielen.

Das heißt: Man sieht nur, was ich spiele, aber hören tut man die Harfenstimme, die jemand anderes schon im Jahr zuvor für die jetzt dann erscheinende CD eingespielt hat.

Ehrlich, das ist mir echt gerade sowas von egal.

Hauptsache raus und arbeiten!

Mir ist zwar überhaupt nicht langweilig, aber dieses ewige Zuhause sein müssen ist nicht ideal für die familiäre Chemie... („Die Mami ist wie ein Tiger im Käfig...!")

Ich bekomme Noten und die Musikdateien.

Neben einigen Stücken im Orchester darf ich als besonderes Zuckerl in der Stille-Nacht-Kapelle in Oberndorf den berühmten Tenor alleine mit zwei Volksmusikstückchen begleiten.

Und nun?

Der bei den zwei traditionellen Weihnachtsliedern auf der Aufnahme spielende Kollege, ist ein ausgewiesener Volksmusikant.

Er begleitet ohne Noten, frei, nur nach Gehör und nach Gusto.

Das heißt, er hat in jeder Strophe in der Begleitung etwas anders gemacht.

Also zum Beispiel:

1. Strophe in der Wiederholung vom A-Teil bricht er die Figuren in der rechten Hand auf einmal, 2. Strophe: Akkorde auf Schlag eins

teilweise gebrochen, teilweise nicht, dafür in der 3. Strophe Arpeggio auf 1, dafür den Bass nicht auf 3 sondern 3+ etc.

Sie müssen das nicht verstehen, wenn das nicht Ihr Thema ist, nur so viel:

Seine Klampferei läuft nicht nach Schema F ab.

Und damit habe ich jetzt ein großes Problem.

Damit meine Fingerbewegungen im Fernsehen später auch synchron zur vom Band abgespielten Musik passen, muss ich mir erst einmal die vom Volksmusikanten so kreativ gestaltete Harfenstimme von der Aufnahme heraushören und dann auswendig merken.

Zweimal eindeutig nicht meine Kernkompetenzen.

Etwas von einer Aufnahme abhören müssen und auswendig lernen, mein ewiges Trauma…

Ein kleiner Hilferuf an meinen Tonmeister, er hört absolut mit seinen superschnellen Ohren.

Zum Glück unterstützt er meine Bemühungen sehr zielführend.

Er schreibt mir ruckzuck und ordentlich auf, was ich vorher mühsam und mit dauerndem Vor- und Zurückspulen nur halb so gut hinbekommen habe.

Jetzt habe ich endlich Noten, mit denen ich etwas anfangen kann.

Wahrscheinlich bin ich neben 80% Jonas, 10% Kirche, 5% Landschaft eh nur 5% überhaupt im Bild und selbst, wenn mal eine Zupfbewegung nicht mit dem Bild übereinstimmen sollte, würde es wohl kaum jemand merken. Aber ich habe es dann doch einfach gerne professionell.

Ich übe und memoriere und freue mich!

Dazu lerne ich noch die Stücke, die ich im Orchester mitspielen werde.

Es wird eine coole Aktion, im wahrsten Sinne des Wortes.

Alles beginnt mit großem Orchester in der Pfarrkirche in Oberndorf, der Stadt an der Salzach, in der 1818 die fleißigen Herren Gruber und Mohr den weihnachtlichen Welthit erfanden.

Die Kirche ist groß.

Und eisig.

Neben mir, am Pult der 2. Geigen, sitzt eine zarte Asiatin mit rückenfreiem Abendkleid und kurzen Spitzenärmeln. Man reicht ihr kurz vor der ersten Aufnahme noch schnell ein Jäckchen. Am 2. Aufnahmetag muss man das Gleiche anziehen, damit der Bildschnitt stimmt. Das heißt es würde auffallen, wenn sie einmal eine Jacke trägt, dann wieder keine und dann doch wieder eine.

Falsch geplant, das Mädel….

Technisches Equipment für mindestens eine halbe Million Euro in der Kirche, aber an der Heizung wird gespart.

Übrigens auch am Dirigenten.

Es startet sehr lustig, denn der Ablauf geht so:

Das Playback wird laut über Boxen eingespielt und alle musizieren dazu im vorgegebenen Rhythmus vor sofort laufenden Kameras. Dafür braucht es ja dann auch keinen tempoangebenden Vorwedler mehr, der normalerweise den Laden zusammenhalten muss.

Wenn jemand jetzt einen Fehler macht, hört es maximal der Nachbar im Orchester. Das Publikum am Fernseher hört nur die Musik von der neuen CD und sieht dazu unsere Hände.

Absurderweise sind die Musik-Einspieler von einem anscheinend völlig unmusikalischen Menschen, der keine Ahnung von Geschwindigkeit und Rhythmus hat, vorbereitet worden.

Egal, welche Taktart vorgegeben ist, hören wir ein flottes 1-2-3 aus den Boxen und dann haben wir eine Hundertstelsekunde, um uns auf den tatsächlichen Groove einzustellen. Also ungefähr wie die Einleitung zu einem Rockstück – one, two, three - auf die man mit „Schlaf, Kindlein, schlaf" reagieren soll.

Ich habe vorher keine Probe mit dem Orchester in Salzburg gemacht, u.a. auch wegen der zu der Zeit rigiden Corona-Beschränkungen zwischen Deutschland und Österreich, und rate mich jetzt mit großer Flexibilität durch die zum Glück nicht komplizierten Stücke.

Es läuft gut dahin, der arme Jonas wird fast minütlich mit Haarspray, Kamm und Fusselbürste traktiert, Moderationen auf Deutsch und Englisch, nochmal eine andere Kameraposition hier, eine neue Deko da, die Kerzen müssen ausgetauscht werden, sonst schaut das im Schnitt komisch aus. Der Weihnachtsbaum braucht eine andere Beleuchtung, hinter mir rollt ein sportlicher Lichttechniker dynamisch über den Boden auf der Suche nach der bestmöglichen Lämpchen-Position für den perfekten Hollywood-Glamour-Effekt und so weiter.

So geht der Tag gut rum. Wie immer beim Fernsehen mit 10% Action und 90% sitzen und warten…

Am nächsten Tag das gleiche Prozedere. Ich habe zum Glück die Möglichkeit einen Pulli und eine Strumpfhose mehr anzuziehen, ohne dass man es bemerken würde.

Am letzten Drehtag stehen dann unter anderem meine zwei Duos in der winzigen Stille-Nacht-Kapelle auf dem Programm.

Das Kirchlein ist eigentlich schon voll mit Kameras, Lichtaufbauten, dekorativen Zuschauern und den Technikern.

Wir haben auch diese Stücke kein einziges Mal zusammen probiert, es gibt nur zwei Aufnahme-Versuche.

Da der Teleprompter mit dem ablesbaren Text der Lieder für den Sänger ausgefallen ist, sitzt der Coach von Jonas ganz in meiner Nähe auf einer Bank und brüllt seinem Schützling jeweils, während dieser Atem holt, die nächste Textzeile zu.

Was für ein Irrsinn!

Ich höre mich fast selbst nicht, so laut ist das Playback. Dazu links der schreiende Souffleur („eswerdschogleidumpaeswerdschoglei Nacht"), vor mir der berühmte Tenor, ich soll möglichst dekorativ schauen und entspannt auswendig zupfen, zu einer Aufnahme, die nicht von mir selbst ist.

Das Ganze bei arktischen Temperaturen.

Von wegen „Stille Nacht!"

Immerhin darf ich drinnen spielen, draußen wird dann noch ein LKW-Auflieger voller Schnee vom Großglockner verbraten und eine Schneekanone aktiviert. Die armen Blechbläser spielen bis lange in der Nacht im romantisch-kalten Winterzauber und Jonas singt Playback, was das Zeug hält. Wenigstens zu seiner eigenen Aufnahme und mit dem wieder zum Leben erweckten Teleprompter.

Aber auch Aktionen wie diese gehen irgendwie über die Bühne.

Meine Mutter meinte nach Ausstrahlung der Sendung an Weihnachten sehr treffend: „Du hast etwas gestresst gewirkt!" Ach ja....?

Wenn Ihnen einmal langweilig ist: aus der Sendung wurde sogar ein Kinofilm gemacht, Vertrieb weltweit.

IT'S CHRISTMAS

WEIHNACHTEN MIT JONAS KAUFMANN.

Und mir ;-)

12. Lange Leitung...

In München gibt es einen der größten und prächtigsten Renaissance-säle nördlich der Alpen, das sogenannte Antiquarium in der Residenz. Es ist 66 m lang und beherbergt die gesammelten Antiken von Herzog Albrecht.

Deshalb also Antiquarium, und nicht Aquarium, wie ich es unwissender Weise in Gegenwart eines äußerst irritierten Residenzmitarbeiters äußerte...

Ich war eingeladen in eben diesem Prunksaal zur Verleihung der Bayerischen Verdienstmedaille zu spielen.

Und zwar:

Ein Harfenstück und dann am Ende der Veranstaltung die Bayerische und die Deutsche Nationalhymne.

Im Saal saßen wegen Coronabeschränkungen nur wenige Zuschauer.

In jeder Reihe mit vier Stühlen je einer, maximal zwei Menschen.

Teils in Tracht, teils schick herausgeputzt, teils völlig in Zivil.

Wohl alle die Fans des zu Ehrenden.

Ich befand mich am Kopfende des Saales hinter einer halbhohen steinernen Balustrade und wartete auf die Ankunft des Ministerpräsidenten.

Er war heute pünktlich und mein virtuoser Walzer eröffnete die Veranstaltung.

Es folgte eine Rede, noch eine Rede und dann also die Verleihung.

Der zu Ehrende wurde zuerst in einer Laudatio vorgestellt, dann kam er unter dem Applaus des Publikums nach vorne.

Seine Medaille wurde von einem behandschuhten Mitarbeiter des Protokolls auf einem Stehpult abgestellt, dann nahm sich der Jubilar kontaktfrei selbst das Futteral mit der Plakette.

Auf einen Händedruck wurde – coronatechnisch - verzichtet, ebenso auf eine dieser lächerlichen Begrüßungen über Faust-, Ellbogen- oder Fußkontakt.

Die Gesichter waren durchweg von Masken verdeckt.

Alles nicht sehr würdevoll.

Aber jetzt: ein Problem.

Für das obligatorische Pressefoto mussten die Masken abgesetzt werden.

Also wurde die Medaille umständlich zurück auf das Pult gestellt, der Ministerpräsident und der zu Ehrende nahmen die Masken ab, der Preisträger nahm seine Medaille wieder in die Hand, dann wurde dem Dutzend Fotografen und ihren Blitzlichtern zugelächelt, die Medaille wieder zurückgelegt, die Masken wieder kollektiv aufgesetzt, der Geehrte nahm sich die Auszeichnung und ging zu seinem Platz zurück. Was für ein seltsames Prozedere.

Aber okay, das war es also schon.

Ein kurzer Festakt. Und dann so ein Brimborium.

Es hatte ja geheißen, ich solle die Verleihung DER Bayerischen Verdienstmedaille musikalisch umrahmen.

Ich war gerade dabei, die Harfe an mich zu ziehen, als ich wieder den Laudator ans Mikrophon treten sah.

Aha, anscheinend gibt es noch einen zweiten Kandidaten für die Auszeichnung.

Dann warte ich eben noch ein bisschen.

Der Nachname des ersten Trägers hatte mit B begonnen, erstaunlicherweise hatte jetzt auch dieser Zweite ein B als Anfangsbuchstaben.

So ein Zufall!

Wieder die gleiche Prozedur.

Nach vorne kommen, Medaille selbständig entgegennehmen vom Pult, kurz betrachten, dem Ministerpräsidenten zunicken, Medaille wieder zurückstellen, dann Maske ab, Medaille in die Hand nehmen, Foto, Medaille abstellen, Maske auf, finales Entgegennehmen der Medaille, Rückzug zum Platz.

Na gut, dann haben jetzt also die zwei Herren ihre Auszeichnung bekommen, jetzt wird wohl gleich meine Hymne gefragt sein.

Während des Applauses, der den Mann auf dem Weg zu seinem Stuhl begleitete, zog ich die Harfe an mich.

Gleich geht's los, die Pedale überprüft, die Finger schon mal auf die Saiten gelegt, ein Blick zum Protokollchef.

Aber dieser hatte keinen Augenkontakt für mich übrig.

Vielmehr schritt er gerade wieder ans Rednerpult und begann mit einer weiteren Laudatio. Zu meinem ganz großen Erstaunen wiederum an einen Preisträger, dessen Nachname mit B begann.

Frau Aichhorn!! Nehmen sie mal ihren Fuß von der Leitung....

Minutenlang hatte ich das leicht absurde Prozedere direkt vor meiner Nase verfolgt, erst jetzt schaffte ich es, meine Augen ein Stück nach rechts zu lenken.

Zu meiner Entschuldigung: der Tisch, der sich dort befand, war von meinem Platz aus sehr schlecht zu sehen, weil er durch die Steinsäulen der Balustrade verdeckt war.

Und auf eben diesem Tisch entdeckte ich jetzt zu meiner großen Überraschung:

Noch mindestens 50 kleine offene Schächtelchen mit goldenen Verdienstmedaillen.

Langsam dämmerte es mir.

Wir waren schon bei der nächsten Laudatio angekommen und diese Dame trug ein D im Namen.

Die große Erkenntnis schlug endlich mit Karacho bei mir ein.

75 Minuten später habe ich dann meine zwei Hymnen gespielt...
Vor über 50 ausgezeichneten Preisträgern. Ohne mitgebrachte Fans.

Fazit:
Ein 66 m langer Saal ist lang.
Und sehr lang, wenn ein Geehrter ein Fußproblem hat.
Nicht für jeden reichte der Applaus für die komplette akustische Untermalung vom Weg zur Medaillenabholung und zurück.
Ein Ministerpräsident braucht stabile Ohren, wenn er über 50-mal die Maske auf und ab und wieder aufsetzen muss.
Traurig für die Geehrten, dass sie keine Angehörigen mitnehmen durften.

Ein halbes Jahr danach hatte ich wieder die Ehre.
Und diesmal ging das Ganze ohne den Maske-auf-Maske-ab-Maske-auf-Zauber über die Bühne.
War insgesamt einfach wesentlich würdevoller...

13. Burgfräulein 2.0

Musik bei Burgfesten ist so eine Sache.

Ich passe da eigentlich nicht hin, weil ich kein Mittelalterfreak mit Schoßharfe und Minnesängerattitude bin.

Aber in diesem Fall wird vom Veranstalter ein ordentliches Konzert auf der Konzertharfe zur Bereicherung der Festivitäten gewünscht, dann also mal los.

Fast scheitert der Antransport schon an einem äußerst linientreuen Feuerwehrmann, der die Zugbrücke bewacht.

Ich könne ja von der Rückseite über die Feuertreppe mein Instrument anliefern, hier jedenfalls nicht.

Breitbeinig und engstirnig steht er vor mir.

Mein Vorschlag, die Harfe kurz im Innenhof auszuladen und dann das Auto wieder herauszufahren, ist für ihn jenseits jeder Diskussion.

Meine Güte, es ist nun mal keine Flöte.

„Augen auf bei der Berufswahl", schmettert er mir galant entgegen. Ja, danke auch.

Aber ich habe Glück: Der Organisator des Festes taucht genau in diesem Moment auf und jetzt muss mir der wackere Wächter doch tatsächlich das Tor freigeben.

Im Hof angekommen, lade ich leicht beengt zwischen Hufschmied- und Töpferdarstellern meine Sachen aus und fahre ganz schnell das Auto auf einen 300 Meter entfernten Parkplatz.

Zurück und am immer noch motzigen Burgwächter vorbei, mache ich mich daran, die Harfe, mit den schadenfrohen Worten des Feuerwehrmanns im Ohr, über ausgetretene Treppenstufen in den 3. Stock zu ziehen.

Ein hübscher Saal mit Holzdecke und -wänden, noch komplett leer, die Akustik ist sicher gut hier.

Als ich auch den Stuhl und die restlichen Sachen heraufgeschleppt habe und anfange die Harfe auszupacken, erscheint der Chef.

Auf meine Frage, wann denn die Stühle für die Zuschauer kämen, schaut er irritiert.

„Wieso? Die müssen auf jeden Fall stehen!"

„Oh. Das ist schon die Frage, ob das für die Dauer eines ganzen Konzertes wirklich bequem ist!"

„Ja meinen Sie, dass das stört?"

„Ja, meine ich!"

„Wenn Sie lieber in einem anderen Saal spielen wollen, dann gehen wir doch rüber auf die andere Seite der Burg, da ist bestuhlt."

Großartige Idee. Hätten wir vielleicht vorher mal besprechen sollen. Ein ewiger Lernprozess, dieser Beruf…

Ich muss jetzt auch nur die Harfe wieder einpacken, drei Stockwerke runter, über den mittlerweile schon stark bevölkerten Burghof und im gegenüberliegenden Gebäude erneut hoch in den 3. Stock, für Hocker und Gedöns laufe ich ein zweites Mal.

Schon klar, warum im Mittelalter die Harfen sehr leicht und klein waren. Und hauptsächlich von Männern gespielt wurden…

Der Saal ist bestuhlt, wunderbar.

Ich richte die Harfe her, dann renoviere ich mich selbst auf einer Toilette im Erdgeschoß.

Wieder oben angekommen, höre ich mächtigen Lärm.

Was ist denn jetzt los?

Beim Blick aus dem offenen Fenster kommt die Erklärung.

Im Hof duellieren sich mehrere Schwertkämpfer auf einem Platz mit Sägespänen.

Schön anzusehen, nur halt etwas wild und laut.

Na egal, dann machen wir das Fenster eben zu.

Finde den Fehler!

Fenster in Burgen aus dem Mittelalter sind maximal einfach ver-
glast, entsprechen weder der DIN 4109 (alles Relevante zum Thema
Schallschutz) noch DIN 18055 (Wärmeschutz, Fugendurchlässig-
keit, Schlagregendichte, Widerstandskraft gegen Windlast etc.).
Mir würde es eigentlich reichen, wenn sie nur schon mal den Lärm
abhielten. Auch ohne DIN-Norm.
Großartig.
Ich bin kein Blechbläserensemble und soll jetzt mit der Harfe gegen
die Herren Ritter antreten.
Vielleicht können diese ja pausieren, während ich zupfe?
Die Sekretärin des Vereins, die hier alles organisiert hat, schüttelt
den Kopf.
„Auf gar keinen Fall! Das sind ganz berühmte Schwertkämpfer, ex-
tra eingeflogen aus Rumänien! Die haben ihre Zeiten und die wer-
den sie auch einhalten."
Alles klar. Da kann natürlich eine dahergelaufene Harfenistin aus
dem Landkreis nicht dagegen anstinken.
Na gut, Hauptsache ich höre mich selbst…

Das Publikum strömt herein, freut sich über die schönen Sitzplätze
und lauscht danach gespannt und begeistert meiner Musik.
Ich fühle mich ein wenig wie der Minnesänger Walther von der Vo-
gelweide.
Er hatte es im 13. Jahrhundert, die Harfe im Gepäck, bei seinen Reisen an die Höfe in ganz Europa, sicher oft wesentlich unbequemer
als ich.
Was ist also schon so ein bisschen Ritterkampflärm während eines
Auftrittes?
Zumindest entstand - 800 Jahre später - ein kurzfristig wohl relativ
authentisches Burgkonzertgefühl.

14. Mobil auf Reisen

Wenn ich mich auf eine bei Rot an der Ampel stehende Vespa hinter einen mir fremden Fahrer werfe, dann hat das seine Gründe. Lesen Sie selbst.

Nur so viel: Der Fahrer des Vehikels war dezent verwundert, aber chancenlos.

Meine Freundin Mahalia hatte mich zu einer Orchesteraushilfe als 2. Harfe ins wunderbare Konzerthaus KKL nach Luzern mit ihrem Sinfonieorchester eingeladen.

Nun wissen Sie ja mittlerweile, dass ich nur eine sehr begrenzte Zuneigung zu Orchester-Geklampfe habe.

1. bin ich kein guter Pausenzähler, 2. wird mir sehr schnell langweilig, wenn ich nichts zu tun habe, 3. lasse ich mir ungerne etwas anschaffen, 4. kriege ich beim Üben von Orchesterstellen meistens Akne, 5. können mein Blutdruck und Puls bei einem Einsatz im Orchester in medizinisch äußerst bedenkliche Höhen steigen und 6. habe ich mittlerweile kaum mehr Routine für derartige Anlässe.

Aber in diesem Fall musste ich eine Ausnahme machen, weil die Chance, in so einem unglaublichen Konzertsaal spielen zu dürfen, ein nicht ausschlagbarer Glücksfall ist.

Und das auch noch an der Seite meiner lieben Freundin und Studienkollegin.

Die Konzerte sollten in Luzern und danach im weltberühmten Concertgebouw Amsterdam stattfinden, also in zwei der weltweit bedeutendsten Konzertsäle.

Wer kann dazu schon NEIN sagen...?

Zwischen den Aufführungen waren zwei freie Tage eingeplant, die ich mit einigen Terminen und Besuchen in der Schweiz füllen wollte.

Die Reise war perfekt organisiert, als ich eine Woche vor Abfahrt einen Anruf aus der Keksfabrik Borggreve in Neuenhaus nahe der niederländischen Grenze bekam.

Ob ich einspringen könne?

Die Solistin der „Suite lyrique" von John Rutter hätte kurzfristig zurückgezogen.

Die Organisatoren hatten gesehen, dass ich dieses extrem selten aufgeführte Stück – ein herrlich kitschiges Werk für Harfe und Streichorchester in 6 Sätzen - ein paar Monate vorher als deutsche Erstaufführung gespielt hatte.

Einen besseren Zufall hätte es nicht geben können - Probe und Konzert in der Keksfabrik fielen genau auf die zwei freien Tage zwischen der Schweiz und den Niederlanden.

Und ich war dann praktisch schon fast in der holländischen Hauptstadt, von Neuenhaus nach Amsterdam waren es nicht ganz 200 Kilometer.

Mal wieder ein logistischer Glücksfall.

Es waren noch einige Kleinigkeiten zu regeln, so die Beschaffung einer spielbaren Leihharfe am Niederrhein, die veränderte Anreise, das Üben des Werkes etc. und dann stand dem Abenteuer nichts mehr im Wege.

Nach Proben und erstem Konzert mit dem Orchester in Luzern fuhr ich mit dem Zug Richtung Norden.

Am Bahnhof wurde ich bereits von einem netten Herrn erwartet. Er chauffierte mich in die zuvor komplett ausgeräumte und dann frisch bestuhlte Halle der Keksfabrik, wo man schon auf mich wartete.

Die Leihharfe war da und umhüllt von zartem Duft nach Vanille und Zimt, probierten wir unter der Leitung eines polnischen Dirigenten das Programm.

Kurzfristig bekam ich noch weitere Aufgaben zugeteilt, so die Begleitung einer Sängerin für eine Arie sowie zwei Stücke im Orchester. Es lebe die viel besungene Flexibilität...

Der Konzerttag begann mit einer weiteren Probe und: es sollte spannend bleiben.

Für den Abend war Schnee angekündigt und die Aufregung über die zu erwartenden 1,5 cm Niederschlag doch beträchtlich.

Vor allem bei meinem Chauffeur, der mir ab dem Mittagessen zweistündlich das neueste Wetterbulletin zukommen ließ.

(Ja, ich weiß, es hat nicht jeder über Jahre erworbene oberbayerische Schneekompetenzen...)

Mein Fahrer sollte mich relativ zügig nach dem Konzert zu einem Bahnhof in den Niederlanden bringen, damit ich noch den letzten Zug nach Amsterdam erwischen konnte.

Das Konzert mit dem Luzerner Sinfonieorchester am Sonntagmorgen war eine Matinee mit vorhergehender Probe, eine Anreise in der Früh wäre super knapp.

Mit Beginn meines Keksfabrik-Auftritts setzt auch der Schneefall ein.

Gerade als ich den Fuß auf die Treppe zur Bühne stelle, bekomme ich die Mitteilung, dass das Auto danach direkt vor der Türe warten würde, quasi mit laufendem Motor.

Alles klar, sehr interessant. Vor allem so kurz vor einem großen Solo mit Orchester...

Ein schönes Konzert folgt, das Publikum ist begeistert, das Triumphgemüse besteht aus 2 kg Keksen und ich will gerade in die Garderobe hechten, als mich der Dirigent noch einmal auf die Bühne zieht und mir zuflüstert: Eine Solozugabe haben Sie doch sicher noch, oder?

Äh, ja, selbstverständlich....

Dann sitze ich endlich im Auto, mein Chauffeur ist total bereit für das uns bevorstehende Abenteuer.

Es habe geschneit in der letzten Stunde.

Ja, ich sehe es.

„Wir werden nur langsam fahren können, weil das Auto keine Winterreifen montiert hat."

Oh, danke für die Info.

Und schon setzt er uns in Bewegung.

Sehr gewissenhaft.

Konzentriert.

Und mit unglaublicher Ruhe.

Ganz im Gegensatz zu mir.

Ein Auge auf den Minutenzeiger gerichtet, das andere auf den Tacho, der selten die 30 km/h-Marke überschreitet, klebe ich förmlich an der Windschutzscheibe und versuche meine Ungeduld und Panik zu unterdrücken. Würde ich den letzten Zug noch erwischen oder müsste ich doch noch die holländische Pampa auf Hoteltauglichkeit testen?

Während sich mein Puls abmüht, pflege ich gelassen wirkenden Smalltalk.

Das ist besser, als wenn er selbst zu erzählen beginnt, weil sein Fuß dann fast völlig den Kontakt zum Gaspedal verliert.

Der Schneefall ist sehr übersichtlich, ich kann die Flocken fast einzeln und persönlich auf der Frontscheibe begrüßen, die Straße ist zwar feucht, aber komplett frei. Die Temperatur liegt weit über Null. Man könnte durchaus auch etwas schneller fahren....

Aber in der Ruhe liegt die Kraft und er schafft es tatsächlich mich rechtzeitig beim Bummelzug abzuladen, der dann zwei Stunden später pünktlich in Amsterdam einläuft. Ich finde das Hotel und falle in einen schnellen Schlaf.

Am nächsten Morgen fanden Probe und Konzert im herrlichen Concertgebouw statt und danach hatten Mahalia und ich schön Zeit für einen Stadtspaziergang.

Wir ratschten uns durch Amsterdam und bewunderten Architektur, Grachten und die prächtigen Parks.

Mahalia musste nach einem kleinen Snack zurück zu ihrem Tour-Bus, ich hatte noch Zeit. Dachte ich.

Da ich mich immer auf meinen – normalerweise - gut funktionierenden Orientierungssinn sowie mein Timing verlassen kann, spazierte ich entspannt durch die Gegend, bis mir auf einmal klar wurde, dass ich jetzt doch eine Ecke zu weit von meinem Hotel entfernt wäre.

Dort stand noch mein Gepäck und das bestellte Shuttle würde mich in einer Viertelstunde zum Flughafen bringen.

Noch 3 km. Mist.

Taxi? Gerade Fehlanzeige hier.

Und so griff ich also zu dem etwas brachialen Mittel und enterte den an der roten Ampel stehenden Vespa-Fahrer.

Er hatte fast keine andere Chance, als JA zu sagen, als ich mich schwungvoll auf seinen Sozius warf und bat, ob er mich bitte schnell zu dem geradeaus liegenden Hotel fahren könne.

Er ergab sich widerspruchslos seinem Schicksal und lieferte mich einige Minuten später vor dem Hotelbus ab, der schon mit laufendem Motor auf mich wartete.

Den Rückflug habe ich gut erwischt, ebenso den Zug nach Hause.

Nette Menschen, diese Niederländer!

15. Kompetenz-Irritation

„Und rufen Sie einfach bei Frau XY im Landratsamt an, Sie kann Ihnen alle Fragen rund um das Konzert beantworten!"
So lautete die Anweisung des Kulturvereinsvorsitzenden für eines der ersten Konzerte nach dem ersten Lockdown 2020.
Ich war sowieso schon überglücklich, dass ich endlich wieder spielen durfte und so telefonierte ich freudig mit der empfohlenen Dame.
Sie erbat einen Anruf am Anreisetag, dann würde sie mir den Schlüssel für die Schranke zur Auffahrt an den OpenAir-Konzertort geben.
Ehrlich gesagt, freue ich mich immer, wenn ich selbstbestimmt erst einmal an Konzertorten ankommen darf und mir keiner beim Ausräumen meiner sieben Sachen helfen möchte.
So eine Harfe packt sich einfach am praktischsten allein aus.
Häufig lauten Orga-Fragen im Vorfeld:
„Wann genau kommen Sie denn an?" (Das ist bei Strecken von bis zu 1.100 km am Tag nicht immer ganz zuverlässig zu beantworten...)
„Müssen Sie sich dann noch umziehen?" (Ja, macht Sinn, weil eine lange Autofahrt im Abendkleid irgendwie ziemlich unbequem ist...)
„Brauchen Sie einen oder zwei Männer für den Harfentransport?" (Danke, gar keinen, es ist allein schon schwer genug.)
Am besagten Tag erreiche ich also das für mich gebuchte Hotel und nach einer kleinen Pause rufe ich die Dame an.
Ihr Haus wäre fußläufig vom Hotel aus erreichbar. Und ob ich lieber Tee oder Kaffee möchte?
(Wie immer gerne und ausschließlich Tee!)
An der genannten Adresse steht ein wunderschönes Haus mit auffallender Bauweise und grandiosem Blick über das darunterliegende Tal.

Ihr Mann sei Architekt und habe auch das gegenüberliegende 5*-Hotel generalsaniert.

Sie erzählt Renovierungsanekdoten frei nach dem Motto „Schilda lebt", wir unterhalten uns angeregt über Corona-Hygiene-Wahnsinnsauflagen, Kindererziehung, die Konzertreihe (morgen ist ausverkauft!), Garten-Tipps und Kochrezepte.

Ein netter Frauenplausch und neugierig meine ich irgendwann: „Und Sie arbeiten also im Landratsamt?"

„Ja. Durchaus. Ich bin die Landrätin!"

Wir müssen beide breit grinsen und haben schon die nächsten interessanten Themen wie Verbindung Kinder und Job, Frau in der Politik, Zeitmanagement und anderes.

Wieder mal bin ich dankbar für meinen so vielfältigen, interessanten und inspirierenden Beruf mit derart unterschiedlichen Begegnungen.

P.S.

Wenn Sie mal an den Disibodenberg bei Bad Kreuznach fahren können, machen Sie das! Es ist ein ganz besonderer Ort!

Mein Auftritt dort gehört zu den schönsten Erfahrungen meines bisherigen Konzertlebens.

Open-Air bei Traumwetter vor Lockdown-hungrigen Zuhörern auf den Resten der Klosterruine, in der Hildegard von Bingen ihre Ausbildung erhielt und 1141 mit dem Verfassen ihres ersten theologischen Werkes begann.

Die Ruine liegt eingebettet in einen romanischen Park, ein Kraftort mit Magie und unglaublicher Ausstrahlung.

Die Abendsonne blitzte damals durch die hohen Bäume, Vögel zwitscherten, absolute Windstille bei angenehmen Temperaturen.

Bei meinen ersten Tönen hatte nicht nur ich eine Gänsehaut.

Was für ein wunderbares Geschenk!

16. Weltlage contra Harfenmusik

Endlich!

Es wird meine kabarettistische Lesung „Lebenslänglich Froh- locken" gewünscht.

Wer hätte gedacht, dass nach so unglaublich vielen Anrufen und E-Mails tatsächlich doch eine Entscheidung getroffen würde…?

Ein halbes Jahr später soll der Auftritt stattfinden, in der Hoffnung, dass dann gerade kein Lockdown ist.

Die Planung schaut so aus:

Zuerst soll eine Messe in der Kirche gehalten werden und dann darf ich im Anschluss ein bisschen was spielen und aus meinem ersten Buch lesen.

Das Ganze im Fasching 2022, da passt das thematisch ja ganz gut.

Sechs Monate später:

Ich bereite mich vor, am Samstag ist der Auftritt geplant.

Am Donnerstag marschiert Putin in der Ukraine ein.

Am Freitag ein Anruf:

Wir würden ja jetzt vor dem 3. Weltkrieg stehen und somit könne meine unterhaltsame Lesung nicht stattfinden.

Außerdem komme auch noch der Bischof, da dürfe es sowieso nicht zu lustig sein.

Ich schlage vor, statt kabarettistischer Lesung ein ruhiges Harfen-konzert im Anschluss an die Messe zu zupfen.

Vorher werde ich schon die Lieder der Gemeinde begleiten dürfen und ein Solostück nach dem Evangelium spielen.

Während der Messe werden verdiente Mitglieder der Organisation geehrt, verabschiedet und neu berufen.

Wir haben alles mehrfach (ich betone: mehrfach!!) durchgespro-chen in den letzten Monaten.

Aber jetzt:

Ob ich nicht noch ein Ave Maria in der Messe spielen könnte?

Die Dame des Organisationskomitees hätte eine Bekannte, die auch singen würde.

Möchte ich jetzt eigentlich nicht.

Die Bekannte hätte das Stück schon mal bei einer Beerdigung gesungen und wäre bereit.

Jetzt möchte ich gleich zweimal nicht.

Mühsam versuche ich den Vorschlag abzuwimmeln.

Es gelingt.

Wir verabschieden uns.

Eine Stunde später, ein erneuter Anruf.

Sie hätte jetzt eine Team-Besprechung gehabt.

(Ich kann ihre riesige Organisations-Last geradezu durchs Handy plumpsen fühlen.)

Und dabei sei die Frage aufgetaucht, ob ich eventuell einen Tenor begleiten könne.

Sie hätte da einen Bekannten, der auch singen würde.

Möchte ich jetzt eigentlich nicht.

Er hätte eine schöne Stimme und wäre auch schon mal aufgetreten.

Siehe oben…

„Aber es wäre vielleicht auch schön für Sie, wenn Sie mal etwas mit einem Tenor zusammen machen könnten, oder?"

„Wissen Sie, das müsste man noch zusammen proben und ich habe heute Geburtstag und bereits alles für morgen vorbereitet." Ich winde mich aus der Affäre. Außerdem habe ich schon öfters mit Tenören gearbeitet, ich mache den Job seit über 40 Jahren, da hat man immer auch Begegnungen der anderen Art…

Der Tag ist gekommen, ich fahre ein paar Hundert Kilometer.

Die Kirche ist riesig und kalt.

Ich bin nicht superwarm angezogen (was wohl etwas an der wegen Corona fehlenden Konzertroutine liegt), aber die Messe wird ja hoffentlich nicht länger als eine Stunde dauern.

Es sollte eine krasse Fehleinschätzung sein…

Los geht's.

Zum Einzug spielt der Herr Regierungspräsident, höchst selbst, virtuos auf der Orgel.

Warum statt der Orgel, allerdings ich im Anschluss mit der Harfe die Gemeindelieder in der riesigen Kirche begleiten muss, konnte ich in den vergangenen sechs Monaten mit viel Konversation nicht herausbekommen.

Sei's drum.

Hier kommt schon das erste Lied, das ich so laut wie irgendwie möglich mit der Harfe anstimme.

Ich weiß nicht, ob wirklich jemand außer der Geistlichkeit neben mir singt, aber das ist ja mittlerweile leider immer öfter so.

Der Bischof und sein Zelebrant sind in ihrem Element.

Viel Weihrauch, viel Kreuzzeichen, Fahnen werden geneigt, Kopfbedeckungen ab- und aufgesetzt, eifrige Ministranten wuseln durchs Kirchenschiff.

Nach der Predigt des Bischofs und der heiligen Kommunion, kommt zuerst eine lange Rede der scheidenden Vorsitzenden sowie eine Ansprache der neuen Chefin, erst danach geht es an die Ehrungen und Verabschiedungen verdienter Mitarbeiter.

Dazwischen haben wir auch schon dreimal gesungen (oder zumindest so getan, als ob), ich habe ein bisschen gezupft.

Man ist mittlerweile bei einer Dauer von 90 Minuten, es ist kein Ende in Sicht.

Mir ist sehr kalt und wenn ich mir die Gesichter der Damen anschaue, die zum größten Teil die dünne Uniform der Organisation tragen (Blüschen, Blazer, kurzer Rock), dann bin ich definitiv nicht allein mit dem Frieren.

Blumen werden in Altarnähe an zu Ehrende verteilt, irgendwelche Täschchen mit Präsenten übergeben.

Jetzt kommen die neuen Berufungen.

Jeder muss den Berufungseid bestätigen, der eine liest schneller, der andere langsamer den immer gleichen Text ab.

Wir sind bei 110 Minuten und endlich übernimmt der Bischof wieder das Wort.

Er kündigt an, dass wir an der Orgel nochmal den verehrten Herrn Regierungspräsidenten zum Auszug hören, danach etwas Harfe und dass er jetzt für den Segen um das Aufstehen der Gemeinde bittet.

Er lässt sich Zeit, der Talar scheint warm zu halten.

Nach seinem letzten AMEN beginnt die Kirchenorgel mit wildem Getöse und die gesamte anwesende geistliche Belegschaft, angeführt von mehreren sehr motiviert aussehenden Fahnenträgern, setzt sich in Bewegung Richtung Ausgang.

Und wie es so ist beim Herdentrieb:

Die Gemeinde schließt sich nahtlos an.

Als der letzte Orgelton verklungen ist, stehe ich allein in der großen Kirche.

In der ich eigentlich jetzt unmittelbar noch ein Konzert spielen sollte.

Die neue Vorsitzende, mit der ich alles ausgemacht habe, nähert sich von ganz hinten.

„Jetzt sind ja alle draußen!"

„Ja, ich sehe es!"

„Aber Sie sollen doch noch spielen!"

„Richtig!"

„Ja was machen wir jetzt denn da?"

„Das weiß ich auch nicht! Haben Sie eine Idee?"

Nein, hätte sie nicht und es wäre ja doch ganz schön kalt geworden.
Wo sie Recht hat, hat sie Recht.
„Vielleicht können Sie dann einfach ein anderes Mal spielen?"
„Ja, das mache ich sehr gerne! Sagen Sie mir ganz einfach Bescheid,
wenn Sie mich brauchen!"
Ich verabschiede mich und flüchte samt Harfe in mein heizbares
Auto.
So schön diese Sakralgebäude sind, aber darin Musik zu machen, ist
oft nur eine Zumutung.

Zwei Tage später bekomme ich ein Feedback von der Chefin.
Alle wären sehr begeistert gewesen, sie hätte nur positivste Rück-
meldungen bekommen.
Und ob man das Honorar reduzieren könnte, weil ich ja nicht alles,
wie ausgemacht, gespielt hätte.
Das Honorar war sowieso schon reduziert, deshalb lassen wir es
jetzt mal bitte so.
Die ungeplante Frier-Pauschale inklusive.

Vier Monate später, eine SMS von der Dame.
Ob ich an einem Termin im Oktober Zeit hätte?
„Ja, ich reserviere gerne den Tag."
Zwei Wochen später ein Anruf.
„Haben Sie meine SMS bekommen?"
„Ja, ich habe Ihnen auch geantwortet."
„Sie können also an dem Tag?"
„Ja, ich habe den Termin für Sie reserviert."
Das ist gut, denn sie wüsste jetzt gar nicht, wie sie das machen solle.
„An was haben Sie denn gedacht?"
„Na ja, was denken Sie, wäre besser:
Vormittags oder nachmittags?

Und als Benefizkonzert oder normal?
Und in einer Kirche oder lieber in einem Saal?
Und welche Plakate sollen wir verwenden?"
Ich muss mal einschreiten.
„Also gerne von ganz von vorne!
Sie möchten, dass ich ein Konzert an dem Sonntag im Oktober
spiele?"
„Ach so, ja, das war der Plan!"
„Dann müssten Sie erst mal schauen, ob an dem Tag schon andere
Konzerte in Ihrer Stadt stattfinden und ob die angedachte Kirche
oder der Saal auch frei sind."
„Oh, das ist ein guter Hinweis."
„Dann müssen Sie überlegen, ob Sie mit Sponsoren arbeiten kön-
nen oder Eintrittskarten verkaufen."
„Ja, aber wo finde ich denn Sponsoren?"
„Na ja, Sie sind ja vor Ort die Chefin dieser großen Organisation
und werden sicher die örtliche Hautevolee kennen, oder?
Die Herrschaften kann man schon mal fragen, ob sie ihre Portokasse
etwas öffnen können."
„Und Sie kennen da niemanden?"
„Nein, weil ich doch eine ganze Ecke entfernt davon wohne."
„Wie mache ich das denn nur? Soll ich lieber anrufen oder schrei-
ben? Was meinen Sie?"

Kurz: das Telefonat dauert noch einige Zeit.
Wenn ich ein Coach/ Rechtsanwalt/ Arzt wäre, dann hätte ich einen
lukrativen, am Telefon angehängten Tarifzähler mitlaufen lassen
können.
Am Schluss sind wir uns dann Gott sei Dank relativ einig.
Der Termin ist blockiert, es sind noch drei Monate bis dahin.
Einen Monat später ein Anruf.

Sie hätte schlechte Neuigkeiten.

Weil wir ja jetzt schon wieder vor dem nächsten Lockdown stehen würden, müsste sie das Konzert absagen.

Aha.

Die Zahlen sind aktuell so tief, dass sogar mein „Freund" Karl L. (und damit ist nicht Karl Lagerfeld gemeint) nicht ganz weiß, wie er seine Überlegungen durchsetzen und seine von der Regierung zu viel gekauften Masken sowie seinen überzähligen Impfstoff an den Mensch bringen soll.

Mein Herbst ist sehr gut gebucht, zum Glück gibt es viele tolle und mutige Veranstalter.

Man darf gespannt sein, was noch kommt.

Von dieser Dame dann wohl eher nichts mehr. Ist vielleicht auch gut so.

P.S. Zum geplanten Konzerttermin war überall reger Konzertbetrieb bei sehr niedrigen Inzidenzen. Schade um die verpasste Chance.

17. Grundkenntnisse

Die Einladung als Harfenexpertin zu einer Wissenssendung bei einem deutschen Fernsehsender - das hört sich schon sehr cool an.
Freudig sage ich zu und bin gerne bereit in einem einstündigen Telefonat die Redakteurin zum Thema Harfe zu coachen.
Sie wird das Drehbuch schreiben.
Und das müsste nach den ganzen Informationen, die ich ihr gebe, in Kombination mit etwas Wikipedia-Wissen und Internet-Recherche auch gut funktionieren.

Ja.
Müsste.

Was dann allerdings bei mir per Post ankommt, ist erstaunlich.
Ob sie das ernst meint?
Es sollen gleich mehrere Saiteninstrumente in der Sendung verwurstelt werden.
Und für alle soll ICH als Expertin herhalten.
Augenarzt, Zahnarzt, Neurologe, Orthopäde und natürlich auch Psychiater in einem, alles klar.
Ich erkläre der Dame, dass ich weder Zither noch Gitarre noch Hackbrett noch Laute spiele.
„Naja, Sie werden diese ja wohl mal in die Kamera halten können und eine kleine Melodie darauf spielen können!"
„Äh, nein!"
„Wir haben aber keinen Platz für mehrere Experten!"
„Das ist schade, weil ich für Ihre Sendung nicht mal schnell Zither und Laute lerne!"
(Grundkenntnisse für Hackbrett und Gitarre hätte ich sogar, aber nichts, womit frau in einer Wissenssendung auftreten möchte…).

„Aber ich habe das Drehbuch bereits fertig und möchte es nicht mehr ändern müssen."

Die Dame ist festangestellt und schimpft sich Redakteurin.

Wieso muss mir das jetzt wieder passieren?

Aber unerschrocken wie so oft, habe ich einen pragmatischen Vorschlag:

„Dann geben Sie das Drehbuch mir, ich ändere es."

Was ich in der Folge dann in großen Teilen auch tatsächlich mache...

Bei der Aufzeichnung der Sendung ist die Frau mit so viel Unkenntnis zwar in den Kulissen anwesend, vermeidet aber den direkten Kontakt.

Schade.

Vielleicht hätte ich sie einfach mal an die verschiedenen Instrumente bitten sollen, damit sie merkt, dass man fürs Frohlocken spezielle Fähigkeiten braucht...

18. Alles eine Frage des Caterings

Nach Erscheinen von Buch Nr.1 bekam ich viele gut gemeinte Zuschriften und liebevolle Carepakete. Es wurden mir Kühlschränke, die am Zigarettenanzünder angesteckt werden, empfohlen, auslaufsichere Thermoskannen präsentiert und Ernährungstipps mit auf den Weg gegeben.
DANKE dafür!
Es scheint wohl, als wäre ich permanent am Verhungern.
Dem ist zum Glück nicht so, aber in diesem Kapitel geht es ausnahmsweise mal wieder ums Essen bzw. ums Nicht-Essen.

Ein Privatkonzert auf einem Schloss - diese Anfrage hört sich wunderbar an, oder?
Sie kommt von einer adeligen Familie, die sich einmal im Jahr trifft und ich darf diesen Anlass musikalisch verschönern.
Ob ich zum Essen bleiben möchte, werde ich Monate davor schon gefragt.
Ich denke, wohl eher nicht, habe aber noch keine genauen Pläne und bitte darum, mich zeitnah entscheiden zu dürfen.
Monate später, ländliche Umgebung. Es ist ein schöner Sommertag, im Schlosshof sind Kaffeetische unter üppigen Kastanien gedeckt.
Ich betreibe netten Smalltalk und genieße ein Stück Kuchen nach der längeren Autofahrt.
Danach kümmere ich mich um mein Instrument und die Konzertvorbereitung in der kühlen Schlosshalle.
Die Jagdtrophäen an der Wand sind etwas furchteinflößend, so ein halber Elch, der aus der Wand herauskommt, hat, wie ich finde, einfach nur wenig Charme.
Daneben ein gut verstaubter Eberkopf und ein ganzer, wirklich großer, ausgestopfter Waller.

Habe ich schon erwähnt, dass ich kein Deko-Typ bin?

In der angrenzenden Küche wird eifrig gewuselt, behaubte Köche laufen geschäftig herum, es riecht herrlich.

Auf dem großen Herd stehen dampfende Töpfe, der Ofen läuft auf Hochtouren, die Champagnerkübel harren ihres Einsatzes.

Aber ich muss ja jetzt erst einmal spielen, was wie gesagt in diesem Kapitel ja eher Nebensache ist.

Das Publikum ist erlaucht, die Atmosphäre sehr freundlich und zugetan, die Begeisterung groß.

In der Pause stibitze ich ein Lachsbrötchen von einem Silbertablett in der Küche, mein Magen knurrt bereits etwas.

Schnell ist auch die zweite Hälfte des Konzertes rum, die Halle leert sich.

Die Herrschaften gehen zum Essen. Und ich räume meine Harfe zusammen.

Die verantwortliche Dame des Hauses verabschiedet sich von mir mit den Worten:

„Einen schönen Abend noch und gute Heimfahrt, Sie wollten ja nicht zum Essen bleiben!"

Klare Ansage.

Vielleicht hätte man das als Frage formulieren können?

Auch wenn ich nicht vor Monaten schon konkret zu- oder abgesagt hatte…

Als ich die Harfe zum Auto schiebe, kommt ein Herr aus einem angrenzenden Gebäude.

Wir unterhalten uns etwas und als er merkt, dass ich doch sehr hungrig sein muss („Nein, das ist kein wildes Tier, das ist mein Magen!"), meint er:

„Kommen Sie doch zu uns! Wir machen gerade Spaghetti, da ist auf jeden Fall noch eine Portion übrig!"

Es wird ein nettes Abendessen. Und mit Nudeln kann man mich

sowieso immer glücklich machen.

Danach fahre ich gut gelaunt und vor allem gut gestärkt nach Hause. Eigentlich könnte die Geschichte hier zu Ende und ich wieder um eine Erfahrung reicher sein („Im Vorfeld lieber sofort zusagen, absagen geht immer!"), doch diese Adelsfamilie hat viele Mitglieder, und ein Jahr später bin ich bei einem der Geschwister eingeladen, wieder auf einem Schloss dezent in der Pampa.

Beim Weg dorthin versorge ich mich präkonzertant prophylaktisch beim Burgerbrater meines Vertrauens. Nach dem Konzert muss ich noch einige hundert Kilometer fahren und ich kann ja nicht immer davon ausgehen, dass zu jedem Schloss auch nette Nachbarn gehören, die mich vor dem temporären Verhungern retten.

Wieder wird es ein nettes Konzert mit aufmerksamem Publikum, heute zur Abwechslung im feudalen Treppenhaus des Anwesens. Ich spiele auf einem großen Treppenabsatz, die Zuhörer machen es sich rundherum auf Stufen über und unter mir, sowie Stühlen und Sofas auf den anderen Treppenabsätzen bequem.

Und wieder packe ich danach die Harfe ein, während sich die Türen zum Speisesaal vor meiner Nase schließen.

Man is(s)t unter sich.

Heute eilt mir aber ein Koch zur Hilfe.

Er winkt mich in die große Wohnküche, wo er gerade ein herrliches Rinderfilet aus dem Ofen hebt.

„Wollen Sie ein Stück?"

„Oh ja, sehr gerne!"

Garniert mit Kartoffelstampf und Rotkraut schaut das ganz wunderbar aus.

Glücklich setze ich mich an den Tisch und genieße die Leckerei.

Da geht die Tür auf und das Familienoberhaupt streckt den Kopf herein.

Als er mich vor dem vollen Teller sitzen sieht, entgleiten ihm kurz die Gesichtszüge.

„Ah. Sie essen also schon."

„Ja, und es schmeckt wunderbar! Sie können sich drauf freuen!"

Dieser Blick.

Meine Güte.

Er wendet sich ab. Ein „Guten Appetit!" wäre netter gewesen.

Es ist also nach wie vor nicht selbstverständlich, dass Musiker nach getaner Arbeit versorgt werden.

So wie auch beim nächsten Veranstalter.

Eine Matinee in einer schönen Konzertreihe steht auf dem Programm.

Im Vorfeld wurde viel diskutiert, abgesagt, zugesagt, Honorar gekürzt, weil „Mischkalkulation und wissen Sie, wir haben so berühmte Musiker hier, die brauchen einfach ihr Honorar", danach die neuen Totschlagargumente, wie „schwindende Zuschauerzahlen wegen Corona" etc.

Das Konzert heute ist ausverkauft.

Wie schon drei Jahre zuvor, als mich der Veranstalter am ersten Tag des Vorverkaufs anrief und meinte „Ich verstehe gar nicht, was los ist, aber für Ihr Konzert sind bereits alle Karten weg, obwohl Sie und Ihre Duopartnerin hier noch gar nicht bekannt sind!

Was tun wir denn jetzt?"

Vielleicht einfach mal freuen und dankbar sein...?

Er stellte uns damals zwei weitere Konzerte fürs kommende Jahr in Aussicht. Dank Corona sind wir, zwei Sommer und viele E-Mails später, bei nur mehr einem Auftritt angelangt.

Immerhin!

Dieser findet also am heutigen Feiertag statt.

Wir freuen uns und sitzen nach einer kurzen Nacht beim Früh-stück.

Die Matinee beginnt um 11 Uhr, wir haben uns für 9 Uhr am Kon-zertort angekündigt.

Aus dem Hotel schicke ich eine Nachricht an die Dame vom Festi-val, ob wir uns ein Lunchpaket vom Frühstücksbuffet ein- packen müssten?

„Ja, das wäre schon sicherer, ich weiß nicht, ob es bei der Matinee dann schon Brezeln in der angrenzenden Gastronomie gibt!"

Als ich im Konzertsaal einlaufe, den Klavierstuhl unterm Arm, werde ich fröhlich von den Festivaldamen begrüßt:

„Ach, das ist ja toll, dass Sie Ihren Klavierstuhl dabeihaben, wir ha-ben schon gerätselt, ob Sie einen von uns brauchen!"

„Guten Morgen! Ich habe nicht nur meinen Hocker dabei, sondern sogar meine Brotzeit!"

Leicht indigniert lässt mich eine der Damen wissen, dass ja im Ver-trag stehen würde, dass kein Catering gestellt wird!

(Vielleicht sollte ich doch einfach mal vor jedem Auftritt die Kondi-tionen durchlesen und auswendig lernen- könnte lebenserhaltend sein.)

Und wissen Sie, was dann für uns zwei Musiker vorgesehen ist:

Je eine kleine Flasche Wasser und eine kleine Flasche Orangensaft.

Für eine Matinee mit Pause, Dauer von 11 bis 13 Uhr, Frühstück war um 8 Uhr.

Ich würde jetzt tatsächlich auch kein 3-Gänge-Menü in der 20-Minuten-Pause erwarten, aber ein bisschen Schokolade, eine Banane oder ein paar Nüsse könnten bei den Eintrittspreisen schon drin sein für uns Akteure.

Und das ist auch kein „Catering", sondern ganz simpel: Anstand.

Bei jedem nichtprofessionellen Kulturverein wird man esstechnisch liebevoller und kompetenter versorgt.

Hinterher bekommen wir beide je einen riesigen Blumenstrauß und Komplimente über Komplimente, auch von den Damen aus dem Organisationsteam.

„Das Konzert war sagenhaft, Sie haben das Publikum ja unglaublich begeistert!"

Wir verschenken die Sträuße beide weiter, weil Triumphgemüse im Auto auf längeren Reisen einfach immer wenig Sinn macht.

Und ich erlaube mir tatsächlich im Nachgang den Hinweis an das künstlerische Betriebsbüro, dass statt der überdimensionierten Floristen-Träume eine Versorgung mit ein paar Kalorien in der Pause wirklich „nur" ein Gebot der Höflichkeit wären.

Ich denke nicht, dass ich in diese Reihe noch einmal eingeladen werde.

Aber vielleicht profitieren ja andere Musiker in Zukunft von dort hoffentlich modifizierten Cateringregeln…

19. Glück pur

Uiuiui. Wo bin ich denn heute gelandet?

Es ist sehr kurz nach Lockdown Nr.1, eine Dame hat mich kurzfristig in ihre Konzert-Reihe eingeladen.
Eine gefühlte Ewigkeit kurve ich über Hügel, durch Wälder und sehr übersichtliche Dörfer entlang der einzigen Hauptstraße.
Seeeehr ländlich hier.
Ich werde in einem Gasthaus im Südwesten der Republik erwartet, um dort meine kabarettistische Lesung zu spielen.
Dort angekommen, muss ich erstmal die Ärmel hochkrempeln und mir Platz schaffen.
Die „Bühne" ist komplett vollgestellt, da war wohl länger kein Betrieb mehr.
Ich schleppe zwei Schaufensterpuppen, diverse Girlandendeko (deren Glitzer nach dem Hochheben noch Minuten später durch den Raum mäandert und den ich auch Tage danach noch an meinen Klamotten finde...), mehrere Stühle, eine Leiter und zwei Bar- hocker in einen Abstellraum, verschiebe ein Klavier und suche mir eine Lampe im Fundus.
Aus der Küche dringt fröhliches Pfeifen der Gastgeberin.
„Du suchst Dir ein Plätzchen, gell!"
Die Pandemie hat konzertentzugsmäßig ihre Spuren auch bei mir hinterlassen, trotzdem frage ich mich gerade sehr zweifelnd, was ich hier eigentlich tue.
Zusätzlich angefeuert durch den von der Köchin geschmetterten Satz „Es kommen nur 15 Besucher, weil wir vergessen haben, die Werbung zu schalten", bin ich kurz vor dem Rückzug.
Sie hätten heute erst wieder den zweiten Tag offen nach Lockdown und Ferien, „ich hab' irgendwie zu spät drangedacht, dass ich ja die

Zeitungen hätte informieren können, dass Du kommst!"
Ja, könnte man standardmäßig machen, wenn man eine Konzertreihe hat.
Aber irgendeinen Sinn hat es ja immer und andere Musiker wären
froh, wenn sie jetzt schon spielen dürften.
Ich mache einen abendlichen Spaziergang über den landschaftlich
sehr reizvoll gelegenen Friedhof (auf dem ich erstaunlicherweise
42x den gleichen Nachnamen auf Grabsteinen finde, der Ort hat
aktuell nur 319 Einwohner) und versuche mich zu motivieren.
Manchmal ist man als Solomusiker einfach ganz schön verloren.
Aber eine kurz danach in der Küche servierte Kürbissuppe hilft
meiner Laune auf die Sprünge.
Gespannt erwarten wir die Gäste.
Diese sind, wie angekündigt, sehr überschaubar, aber gut aufgelegt
und neugierig auf meine Lesung.
Der Abend wird nett, das Publikum ist überrascht von den Mög-
lichkeiten auf der Harfe und kommentiert laut lachend oder fröh-
lich glucksend meinen Auftritt.
Die Bezahlung danach ist allerdings äußerst übersichtlich, weil „auf
Hut" (also alles, was am liebsten möglichst geräuschlos in ihn hin-
einraschelt, statt -klimpert).
Eine Lehrgeldeinheit für mich. Hatte ich länger nicht mehr.
Aber nach über 100 Corona-Absagen muss ich jetzt auch keine An-
sprüche stellen, sondern einfach nur froh über die Auftrittsmög-
lichkeit sein.
Ich durfte spielen, basta.

Den gastlichen Ort verlasse ich noch in der Nacht („Du kannst ger-
ne auch hier schlafen, wir finden schon ein Plätzchen für Dich!")
– „Danke, sehr nett, ich muss (und will) noch weiter!" (allein der
Gedanke, was ich da wohl noch alles wegräumen müsste...).

Eine Woche später ruft mich eine Frau an.

Sie wäre in meiner Lesung gewesen und restlos begeistert.

Da sie eine sehr große und musikaffine Familie hat, bestellt sie 15 CDs, die sie gerne an die Verwandtschaft verschenken möchte.

Außerdem will sie mich unbedingt ihrem Bruder im Norden der Republik vorschlagen.

Seine Frau ist in der Hospizbewegung engagiert, da müsse ich unbedingt mal spielen.

Und so kommt es tatsächlich dann auch.

10 Monate und viele E-Mails und Telefonate später, darf ich zwei Konzerte in Mecklenburg-Vorpommern mit weiteren in Aussicht gestellten Anschlusskonzerten spielen.

Herrliche Tage mit schöner Musik in zwei tollen Kirchen.

Dazu kommt ein unvergessener Abend mit großartigen Menschen in einem Garten bei selbstgekochtem Eintopf über dem Feuer und einer nächtlichen Harfen-Cello-Einlage bei Taschenlampenlicht an einem lauen Sommerabend.

Glück pur und eine wunderbare Belohnung fürs Zähne zusammenbeißen bei der Initial-Mugge…!

P.S. Gerade durfte ich wieder in der Ecke spielen, diesmal drei Konzerte.

20. Bahngespräche

Wunderbar!

Das geräumige Familienabteil im ICE ist leer, an der Tür sind keine Reservierungen vermerkt.

Ich parke die zwei Harfen hintereinander auf einem der drei für Kinderwagen vorgesehenen Plätze und fixiere sie mit dem mitgebrachten Gurtband.

Zufrieden lasse ich mich in den Sitz plumpsen, um gleich danach wieder aufzuspringen, weil eine Mutter mit Babykutsche in „mein" Zug-Refugium drängt.

Ihr prüfender Blick geht zu meiner großen Harfe, dann auf mich.

„Haben Sie hier reserviert?"

„Nein, das war leider nicht möglich."

Na ja, das hier sei ja schließlich ein Abteil für Kinder!

Und ihr Sohn (den ich auf höchstens zwölf Monate schätze) könne schließlich noch keine Maske tragen!

„Da haben Sie Glück, ich bin dreifach geimpft und trage einen Mundschutz!"

Vielleicht lesen Sie das Buch ja erst Jahre nach der Corona-Hysterie. Zur Zeit dieser Geschichte war eine Maske im Gesicht Pflicht im Bahnverkehr. Kleinkinder und Babys mussten generell keine tragen, man ging auch davon aus, dass der Verlauf der Krankheit bei dieser Altersgruppe milde bzw. symptomlos verlaufen würde...

Das täte jetzt hier nun mal nichts zur Sache, bricht es aus ihr heraus (gleich sprühen Tränen, ich fühle es), aber das wäre ein Abteil für MÜTTER.

Ich erwidere - zugegeben, etwas trocken und leicht amüsiert - dass ich auch eine solche sei, sogar eine Zweifache.

„Aber Sie haben kein echtes Kind dabei!"

Ein äußerst schlagkräftiges Argument.

Soll ich ihr jetzt erklären, dass ich sogar zwei (Harfen-) Kinder dabeihabe?

Da ich fürchte, dass sie das falsch interpretieren könnte, sage ich einfach mal nichts mehr und lasse mich auf meinem Sitzplatz nieder, die Harfen gehen nicht im Weg um, es ist genügend Platz für alle, inklusive Kinderwagen.

Zu gerne würde ich von der nervösen Mutter wissen, was sie jetzt macht, wenn eine ungeimpfte Mutter mit Nachwuchs ins Abteil kommt.

Sie fragen sich, was ich im Kinderabteil mache?

Das neue Jahr hat eben erst angefangen, genau genommen vor neun Stunden. Ich bin wieder einmal sehr kurzfristig nach Amrum eingeladen worden und dachte, dass insgesamt 26 Stunden Zug und 12-mal umsteigen doch den 2200 km Autofahrt hin und zurück vorzuziehen wären.

Und weil ich einer Freundin noch eine kleinere Harfe nach Hannover bringen sollte, habe ich bei der Zugreise eben noch eine zweite Harfe dabei – ist ja nur eine kleine, also 1,30 Meter hoch, einen halben Meter breit und mit Verpackung nur ca. 10 kg schwer - quasi eine größere Handtasche.

Die konnte ich locker unter den Arm hängen, während ich die große Harfe auf dem Wägelchen vor mir herschob, auf dem Rücken einen Rucksack mit Konzertkleid und Gedöns; die CDs und Bücher für den Devotionalienhandel hatte ich per Post vorausgeschickt.

Ich sitze also am Neujahrsmorgen 2022 in dem Familienabteil, in das ich nach einem rasanten 500 m-in-12-Minuten-mit-zwei-Harfen-Umstieg in München eingezogen bin und höre – gezwungenermaßen - hinter meiner Lehne den brabbelnden Sohn und die akustisch äußerst aktive Mutter.

Diese hat nämlich nach 15 Minuten bereits 3-mal - IN SEHR HO-HER SOPRANLAGE - ein Gedicht fürs Kind rezitiert, 4-mal etwas zu trinken angeboten sowie mit dem wohl knapp Einjährigen die Frage thematisiert, ob er, der eh schon auf dem Tisch rumkrabbelt, eventuell mal probieren möchte, das Rollo herunterzuziehen.

„Aber weißt Du, da wird es dann sehr dunkel hier herinnen!"

Boah, das ist schon beim Zuhören anstrengend.

Armer Zwerg.

Den ganzen Tag mit so viel Text beschallt zu werden, ist ja bereits für einen temporär Beteiligten kaum auszuhalten.

Man kann als Kind bei der Auswahl der Eltern gar nicht vorsichtig genug sein...

Und jetzt: Achtung - Trommelwirbel! Ein WINDELALARM wird lauthals thematisiert.

Natürlich darf der Filius selbst entscheiden, ob er eine neue Windel möchte oder nicht.

„Meinst Du, wir sollten mal dein kleines Problemchen auf einer Wickelablage lösen?"

Er brabbelt irgendetwas, was sie glücklich als Zustimmung auslegt.

Sie verlässt das Abteil Richtung Toilette. Sieben Minuten Ruhe. Himmlisch!

Die Schaffnerin kommt, freut sich über die Harfen und meint nur, dass ich ja in den Großraumwagen wechseln könnte, sollten noch weitere Kinderwagen kommen.

Die Geister, die sie rief, erscheinen schon am nächsten Bahnhof in Form einer dreiköpfigen Familie mit großer Säuglingskutsche und mehreren Koffern.

Ich ziehe um mit Sack und Pack und kann es mir leider nicht verkneifen, meiner Sitzplatznachfolgerin noch fragend zuzuflüstern, dass sie hoffentlich schon geimpft sei...

Tja, Frau Aichhorn, da schlägt das Karma aber gleich mal ruckzuck zurück.

Ich sitze auf meinem neuen Platz im Großraumwaggon, die große Harfe steht einige Meter von mir entfernt halb im Gang, die Kleine liegt auf dem Sitz neben mir, als mein Telefon läutet.

Ein anonymer Anrufer. Soll ich trotzdem rangehen?

Ein Werbeanruf am Neujahrsmorgen ist wohl eher unrealistisch.

Wahrscheinlich ist es die liebe Tante Christa, deren Nummer immer unterdrückt ist. Also hebe ich ab. Und höre eine männliche, recht sonore Stimme.

Währenddessen rauscht der ICE mit 260 km/h durch einen Tunnel zwischen Ingolstadt und Nürnberg, weshalb ich nur die Hälfte des Textes mitbekomme.

Also frage ich nochmal nach, wer denn am Telefon sei.

Ein kryptisches „ein Musikerkollege" ist zu vernehmen.

Dieses Netz hier ist wirklich gerade nicht der Burner.

Ich möchte schon auflegen, als ich die sonore Stimme wieder deutlicher verstehen kann.

Ob ich denn in den nächsten Tagen ein Konzert spielen würde?

„Jetzt sagst Du mir mal, wie Du heißt, und dann sprechen wir weiter!"

„Wieso, ist das jetzt hier wie bei der Polizei?"

Ooookay.

Das neue Jahr ist gerade erst 10 Std und 49 Minuten alt und schon spritzt der Wahnsinn durchs Telefon.

„Ich weiß einfach gerne, mit wem ich es zu tun habe."

„Ich habe nur einen Künstlernamen, den echten hab' ich vergessen!"

Sie hätten wohl schon aufgelegt, liebe Leser?

Das wäre auf jeden Fall eine gute Option gewesen, aber erstens habe ich ja gerade endlos viel Zeit (drei Stunden von den insgesamt 13 in

Bahn und Schiff sind erst geschafft…), zweitens bin ich grundsätzlich neugierig und wissen Sie, in meiner Branche gibt's die unter-
schiedlichsten Auswüchse.

Da gleich aufzugeben, wäre nicht zielführend.

Kann ja sein, dass der Typ doch etwas Interessantes zu erzählen hat.

Um es kurz zu machen: hat er nicht.

Bezüglich der Frage nach meinen anstehenden Konzerten verweise
ihn auf alle Termine auf meiner Homepage.

Wenn er an akuter Namensamnesie leidet, dann leide ich eben unter vorübergehender Konzerttermin-Amnesie.

Was will der Typ??

Er probiert es mit:

„In welchem Zug sitzt Du denn?"

„In einem sehr schnellen…"

„Ja aber, wo fährt der denn hin?"

„Hab ich leider auch vergessen…!"

„Aber Du musst doch wissen, wo Du hinfährst!"

„Ja, und Du müsstest auch wissen, wie Du heißt!"

Blablabla.

Jetzt reicht's.

Ich müsse jetzt für kleine Mädchen, was der Realität entspricht, und
lege auf.

Als ich von der Zugtoilette zurückkomme, wartet schon das nächste
Problem. Mein Platz ist gefragt. Und so wie die Dame, die diesen
Anspruch lautstark ob ihrer Reservierung kundtut, auf mich her-
unterschaut, brauche ich auch gar nicht zu fragen, ob ich die kleine
Harfe neben ihr liegen lassen darf.

Alles klar. Let's move again.

Irgendwie hatte ich den Hinweis „schwache Zug-Auslastung erwartet" in meiner DB-App anders interpretiert.

Ich finde ein neues Plätzchen, diesmal ganz nah an der großen Harfe, die kleine passt tatsächlich oben auf die Gepäckablage.

Wenn das so weiter geht, dann verbrauche ich am ersten Tag des Jahres schon das halbe Skurrilitäten-Budget von 2022.

Tatsächlich beruhigt sich aber die Lage, ich arbeite ein bisschen was und übergebe dann im Bahnhof Hannover aus dem Zug heraus das 1,30 m kleine Härfchen an die neue Besitzerin.

Eine Last weniger.

Zwei Stunden später steige ich in Hamburg Altona in den Bummelzug nach Nordfriesland ins geräumige Fahrradabteil.

Hier ist ausreichend Platz für Harfe und mich.

Ich fixiere sie mit einem der mitgebrachten Gurtbänder, diesmal an den festmontierten Radständern im Wagon und setze mich auf einen Klappstuhl daneben.

Plötzlich steht eine sehr nette Zugbegleiterin vor mir. Nach der Fahrkartenkontrolle beginnt sie, mir Löcher in den Bauch zu fragen.

Meine neben mir platzierte Harfe hat es ihr angetan, und so vergeht auch dieser Teil der langen Reise kurzweilig und unterhaltsam.

Da mich Schaffner eigentlich nicht mit der Harfe im Zug mitnehmen müssen, bin ich immer auf die Freundlichkeit des Personals angewiesen und deshalb ist dieser Plausch heute umso angenehmer.

Ich hatte auch schon Kontrolleure, die mir ein Extraticket für das Härfchen abverlangt haben.

Mein Argument, dass sie von der den-Boden-bedeckenden-Fläche nicht größer als ein Kinderwagen ist, der ja schließlich auch nichts kostet, war nicht immer zielführend.

„Und der nächste kommt dann mit seinem Klavier in den Zug! Nein, da müssen wir uns schon an die Regeln halten!"

(Wer braucht bitte ein Klavier, wenn er eine Harfe haben kann...?)

Kurz vor dem Aussteigen möchte ich von der Dame noch wissen, ob sie sich mit dem Umsteigen in Niebüll auskennen würde, also, ob es einen Aufzug gibt und wo die Züge nach Dagebüll abfahren. Wenn man mit Harfe reist, sind das ja durchaus wertvolle Hinweise. Sie erklärt mir alles sehr freundlich und verabschiedet sich.

Kurz danach höre ich folgende Ansage über den Bordlautsprecher:
„Sehr geehrte Fahrgäste,
wir haben hier eine Dame mit Harfe an Bord.
Bitte schauen Sie alle beim Umstieg in Niebüll, dass die beiden auf jeden Fall auch schadlos den Anschlusszug nach Dagebüll erreichen. Es wäre ja schade, wenn die Solistin morgen nicht auf Amrum spielen könnte."

Hach.
Nordfriesischer Charme.
Und das bei einem Volk, bei dem „Moin, Moin" eine halbe Lebensgeschichte, „Ouha!" eine Panikattacke und „Na?" schon einen Heiratsantrag bedeuten.
Am ersten Tag des neuen Jahres einmal von Süd nach Nord quer durch die Republik - und dann sowas.
Es kann nur ein besonderes Jahr werden!

21. Kraftakt

Ein Anruf aus Mainz im superwarmen August.

Das ZDF ist dran.

Ob ich eine Weihnachts-CD hätte?

Schon länger spiele ich mit dem Gedanken, eine derartige CD zu machen und so sage ich ganz locker: „Ja, die ist schon in Arbeit und im Oktober fertig."

Nur so als Info: Für eine CD planen normale Menschen Vorlaufzeiten von 12 Monaten. Minimum. Hier sind es jetzt keine sechs Wochen für das Projekt.

Die Taktik, sich selbst Ziele zu stecken, hat noch immer sehr gut bei mir funktioniert und schon werfe ich mich voller Elan in meinen Notenschrank.

Die Idee ist: gespielte (nicht gesungene) Weihnachtslieder und dazwischen jeweils darauf abgestimmte Stücke Barockmusik.

Ein ähnliches Konzept hatte ich bereits bei Konzerten mit dem Windsbacher Knabenchor angewendet.

Dort musste ich für eine Weihnachtstournee jeweils ein kurzes Stück als Einleitung spielen, damit der Chor dann „A cappella", also ohne meine Begleitung, dafür aber in der erforderlichen Tonart mit dem Weihnachtslied starten konnte.

Erinnerungen an die damalige T(ort)our werden wach.

Vier hintereinander fast komplett durchgemachte Nächte inmitten einer superlustigen Truppe mit Nudeln morgens um 03 Uhr, fast verpassten Zügen, Eisregen auf der Autobahn und dazwischen Auftritten in großen Konzertsälen, u.a. dem Berliner Dom und der Kölner Philharmonie.

Dort musste ich tatsächlich in der Pause um einen schwarzen Tee bitten, um auf der Bühne bei den nicht zu begleitenden Chorstücken nicht völlig einzuschlafen.

So viel zum Thema „zum Glück fehlendes Lampenfieber, trotz 2000 Zuschauern…".

Zurück zu meinem neuen Projekt:
Die Weihnachts-CD war rein solistisch geplant und ich fing mit Suchen und Arrangieren von passenden Stücken an.
Viel Zeit hatte ich ja nicht dafür, es waren Sommerferien in der Kinderkrippe unserer älteren Tochter, ihre Schwester war gerade fünf Monate alt und noch ein komplettes Stillkind.
Ich schrieb Werke in die passenden Tonarten um, arrangierte meine Lieblingslieder für die Harfe, suchte, verwarf und übte das gesamte Repertoire.
Wintersportler werden im Sommer gemacht.
Weihnachts-CDs auch.
Im September spielte ich die komplette CD an einem Tag ein.
Dank meines geduldigen und ebenso wie ich ausdauernden Tonmeisters Jürgen „Potter" Hagen, gelang mir das doch etwas ambitionierte Projekt und ich konnte dem ZDF die Datei schon am ersten Oktober schicken.
Kurz darauf dann der erhoffte Anruf aus Rheinland-Pfalz, ob ich bei der jährlichen Weihnachtssendung spielen könnte?
Die Aufnahmen würden im Freilichtmuseum im Schwarzwald stattfinden.
Erfreut sagte ich zu, gewünscht wäre „Kommet, Ihr Hirten" kombiniert mit einem Stück des englischen Komponisten Henry Purcell.
(Das ist das erste Stück auf der neuen Einspielung… Hätte es vielleicht gar keine ganze CD für den Redakteur zur Demo gebraucht…?!)
Ende November sollte aufgezeichnet werden.
Ausnahmsweise fuhren wir als komplette Familie in den Südwesten, da ich immer noch stillte und mein Mann zufällig einen

Geschäftstermin in der Ecke hatte.

Ich freute mich auf einen gemütlichen Tag mit Schnee und Kindern, wurde aber leider gegen Mittag krank und so kam mein Vater kurzfristigst aus der Nähe angereist, um sich etwas um die Prinzessinnen zu kümmern.

Den Nachmittag verbrachte ich mit Cola und Salzstangen im Hotelbett.

Matschig und müde schleppte ich mich um 20 Uhr in die Maske. Die Dame hatte einiges zu tun, um meine tiefen Augenringe zu beseitigen. Um 21 Uhr zeigte man mir den Aufnahmeplatz.

Eine rustikale Hütte. Dagegen ist an sich nichts einzuwenden.

Nur war diese Hütte romantisch eingeschneit, nicht geheizt, der Wind pfiff durch die Ritzen.

Und ich dekorativ im schulterfreien Abendkleid.

Kompletter Fehler in der Planung. Ob das mit der Temperatur irgendwo im Vertrag gestanden hatte, war jetzt auch obsolet, Tatsache war: Ich fror wie ein Schneider, mir war flau, mein Kreislauf existierte mehr schlecht als recht.

Um mich herum ausnahmslos Menschen in Daunenmänteln, Mützen, Handschuhen.

Und ich sollte jetzt also Playback zu meiner eigenen Musik spielen. Habe ich schon erwähnt, dass ich auswendig spielen absolut nicht ausstehen kann?

Hier war genau dies jedoch gewünscht und es würden ja immer nur kurze Ausschnitte von mir an der Harfe gezeigt.

Das heißt, es würde reichen, wenn ich nur Takt 1-3, und dann Takt 12-16 etc. ordentlich und bildgerecht spielen würde.

Beim Rest der Aufnahme würde man mich nicht sehen, sondern ausschließlich die Musik hören. Dazu wären Einblendungen von brennenden Kerzen, der Umgebung, verschneiten Bäumen und vieles mehr im Bild. ARRRGGHH.

Ich hatte mir mühsam dieses Werk einverleibt (peinlich genug, bei so simpler Musik, aber ich bin - wie Sie mittlerweile ja wissen - einfach absolut der Notenleser und nicht der Auswendigspieler…). Jetzt nur Teile aus dem Stück zu zupfen, überforderte mich.

Vor allem um diese Uhrzeit, bei diesen Temperaturen und halb krank. Ich hatte drei Versuche mit verschiedenen Kameraeinstellungen. „Bitte recht freundlich!"… Ja, ja…

Irgendwie schaffte ich es trotzdem, zog mich um, packte meine Harfe ein, schob sie schlotternd durch den Schnee zum Auto und fuhr zurück zum Hotel.

Dort war ich allerdings so tiefgefroren und elend, dass mein Mann entschied, mitten in der Nacht noch die 470 km nach Hause zu fahren. Eine drohende Grippe war daheim einfach gemütlicher.

Ich schlief neben den Kindern und meinem großartigen Chauffeur sofort ein und überstand die ganze Aktion zum Glück mit nur einem dicken Schnupfen.

22. Dies und Das

Hall of Fame
Sophie:
„Mami, wir haben heute in der Schule gesehen, dass Du einen Wikipedia-Eintrag hast.
Kann man da dazuschreiben, dass ich deine Tochter bin?"

Die etwas andere „Bühnenanweisung"
Grüß Gott Frau Aichhorn,
Ihr Auftritt bei uns am Flughafen findet in der Halle C-West statt. Diese liegt im Sicherheitsbereich des Flughafens. D.h. Sie müssen sich beim Betreten einer Sicherheitskontrolle, wie bei einem Flug unterziehen. Da Sie ja „mit Harfe reisen", denke ich ist es besser, wenn Sie direkt mit dem Auto in den Sicherheitsbereich und zur Veranstaltungshalle „C-West" fahren. Dabei müssen Sie sich an unserem Haupttor anmelden und dann werden Sie gelotst. Dazu brauchen wir folgende Angaben vorab von Ihnen: Name, Tag der An- und Abreise, Geburtsdatum, Staatsangehörigkeit und das Autokennzeichen. Einen gültigen Ausweis brauchen Sie ebenfalls. Sie sollten natürlich keine Gegenstände mit sich oder im Auto führen, die zu einer „sicherheitsrelevanten Beanstandung" führen könnten (Sprengstoff, Bomben, Maschinengewehre, etc. ;-)).
Ich freue mich schon auf Ihren Auftritt!

Wie bitte?
Kinderkonzert vor 120 Grundschülern
Ich: „Wer weiß, was ein Frack ist?"
Ein Grundschüler: „Ein altes Schiff!"
Ich sollte an meiner Aussprache feilen…

Unkompliziert

Veranstalterin:

„Für das Abendessen hinterher würde ich etwas reservieren. Wie sind denn Ihre Wünsche?"

„Ich esse (fast) alles!"

„Ha, dann werden Sie jetzt regelmäßig eingeladen! Veganer und Konsorten sind mir einfach suspekt!"

Herausforderung am Wochenanfang

Montagmorgendlicher Anruf um 9:30 Uhr nach einem sehr arbeitsintensiven Wochenende, eine Vorwahl aus dem Südwesten der Republik. Völlig verpennt nehme ich das Telefon, muss aber vor lauter Sopran-Gebrüll das Gerät mindestens 20 cm weg von meinen Ohren halten. Zu hören bekomme ich:

„Ja, hallo, hier ist..., ich rufe an wegen dem F in dem Stück von Tournier, ich glaube da ist ein Druckfehler, weil meiner Schülerin das aufgefallen ist für den Wettbewerb Jugend musiziert in zwei Jahren, und Sie haben doch sicher auch die Ausgabe von Leduc und das kann doch nicht sein, dass die Stelle nicht genau so ist, wie die Parallelstelle, und Sie spielen das doch sicher dauernd und haben den Notentext vor Augen und ..."

„Guten Morgen. Wer sind Sie bitte?

(Wir konnten das Problem ausgeschlafene zwei Stunden später dann tatsächlich lösen...)

Informationslücke

„Schick mir mal deine Handynummer, eventuell habe ich eine Mugge für Dich!", so lautet die Bitte einer Pianistin per Facebooknachricht, der ich gerne sofort nachkomme.

Zwei Tage später läutet mein Handy, ein Herr raunzt ohne Begrüßung ins Telefon:

„Und? Können Sie jetzt mitspielen?"

„Äh, hallo, wer ist denn bitte am Apparat?"

„Na, Herr xx, der Dirigent!"

„Aha. Und welcher Dirigent bitte?"

„Na, der von John Williams!"

„Ah, ja, klar. Lassen Sie uns einfach nochmal von vorne anfangen. Wer sind Sie und was wollen Sie von mir?"

„Ja sind Sie denn nicht informiert?"

„Wenn Sie mir sagen, über was ich informiert sein müsste, könnte ich Ihnen sagen, ob ich informiert bin!"

(Die Verrückten haben irgendwie immer Saison, scheint mir…)

Ärztlich verordnet...

„Den 1.Teil Ihres Hörbuches habe ich immer wieder laufen lassen für Untersuchungen im MRT, also in einem riesigen Magneten. Meinen Patienten gefällt es so gut, dass ein paar von ihnen erst noch das angefangene Kapitel zu Ende hören mussten und nicht vom Tisch wollten.

Das hindert etwas meinen Arbeitsablauf.

Aber es war mir Wurscht!"

Reste-Rampe?
Post einer CD-Käuferin:
…Ich kaufte damals bei jenem nun schon acht Jahre zurückliegenden Konzert in XY drei CDs von den „Miniaturen" - eine für mich und zwei zum Verschenken. Leider hatte es sich nur ergeben, dass ich eine verschenkte und die dritte noch originalverpackt bei mir liegt. Wäre es vielleicht möglich, dass Sie mir diese gegen eine andere umtauschen? Das wäre ganz wunderbar!

Rezension der Rezension
Post eines CD-Rezensenten, der ein paar Tage zuvor im Harfenduo-Konzert gewesen war (und daraufhin einiges zum Thema CD-Rezension versus Konzert-Kritik durcheinander brachte…)

Liebe Frau Aichinger,

gerade hat mir Herr…. erlaubt, Ihre neue Zwillings-CD (Hörmusik HM116 Harfenduo) für … zu besprechen.
Beim unfreundlichen Wetter dieses Sonntags habe ich gleich den Text geschrieben, den ich - zur höchst vertraulichen Kenntnisnahme!!! - beifüge: bitte nicht verwenden!

Ich will nämlich nur wissen, ob die darin verwendeten sachlichen Angaben richtig sind, ich darf mich doch nicht blamieren!

- Trugen sie Seidenkleider? (Nein, macht keinen Sinn auf Reisen.)
- Hatten Sie beide High Heels mit Stiletto-Absätzen an? (Die wirkten übrigens sehr attraktiv!) (Nein, wir spielen beide immer mit flachen Schuhen.)
- Sind das Intarsien und sind sie auf den Resonanzdecken (heißen

die so?) des Korpus? (Nein, das ist einfach nur aufgemalte Kunst auf dem Resonanzkörper.)

- Sind Ihre Harfen - oder wenigstens eine davon - kunstvoll gold-farben verziert?

(Sie saßen uns praktisch auf dem Schoß, da ist Ihnen sicher nicht entgangen, dass die Harfe von Regine mit Gold ist und meine ohne.)

- Spielen Sie beide eine Konzertharfe mit sieben Pedalen? (Äh, ja, wie mehrfach im Konzert und in der Pause demonstriert.)

Oder heißen diese Instrumente anders? Vielleicht Doppelpedalhar-fe? Weil ich aber danach gleich von den sieben Pedalen schreibe, wäre mir Konzertharfe lieber. Außerdem wird die Doppelpedalhar-fe an anderer Stelle auch genannt...

(Na dann liegen Sie ja ganz richtig, beides meint das gleiche Inst-rument.)

- Finden sie sonst etwas technisch Unrichtiges in meinem nachfol-genden Text?

(...... oh ja!)

Der Redakteur ließ sich sehr leicht überzeugen, dass der dazuge-hörige Text nicht genug „Aussagekraft" für eine CD-Rezension in einer Fachzeitschrift hatte…

Bordsteinkundschaft

Liebe Silke Aichhorn, ich wollte mich auf diesem Weg nochmal bei Dir bedanken.

Du hast Dich heute morgen am Maxplatz spontan als Zeugin ange-boten, als mir der andere direkt ins Auto gefahren ist.

Jetzt hätte ich gleich noch gerne eine CD und das Buch bestellt, auf das bin ich sehr gespannt. Wahrscheinlich sind die Geschichten ge-nauso skurril wie der Unfall mit dem älteren Herrn und mir.

Also nochmal vielen vielen Dank und schöne Grüße an Dich!

23. Aufklärungspost…

Liebe Frau Aichhorn,
ich hatte das kleine Problem mit der Adresse ja schon sehr ausführlich dargestellt, das war mir schon etwas peinlich, aber Sie haben das trotzdem irgendwie falsch verstanden.

Natürlich steht nirgends, dass man „Herr" nicht eingeben darf, aber in die oberste Zeile gehört der Name und nichts anderes. Steht ja auch in dem Formular: „Name/Firma". Und „Herr" ist nun mal eine Anrede und kein Teil meines Namens. Also gehört „Herr" nicht in diese Zeile.

Auf dem Screenshot von 20:47:16 und folglich auch auf dem zweiten Screenshot und der Paketmarke ist übrigens noch ein zweiter Fehler, das war mir auf der Sendung gar nicht aufgefallen und ist ja auch nochmal gutgegangen.

Sie haben nämlich ein Häkchen bei „Zustellung an eine PACKSTATION" gesetzt, so dass auf dem Screenshot von 20:47:46 und der Paketmarke „Packstation 123" angegeben bzw. gedruckt ist. Das ist aber ein großer Unterschied, eine Packstation ist keine Postfiliale.

Ich habe es schon gehabt, dass eine Sendung mit „Packstation 123" an den Absender zurückging, denn eine Packstation mit dieser Nummer gibt es in unserer Stadt nicht. In diesem Fall hat der Zusteller aber mitgedacht und die Sendung in die Postfiliale gebracht. Hätte ich das alles vorhergesehen, hätte ich bei meiner Bestellung als Lieferadresse meine Hausadresse angegeben.

Ich habe nämlich bei DHL eine dauerhafte Umleitung von ankommenden Paketen in die Postfiliale 123 eingerichtet, und das funktioniert auch, die Pakete sind dann nur einen Tag länger unterwegs. Wenn ich im Internet etwas bestelle und die Ware direkt an die

Postfiliale geliefert werden soll, geht das nur wie folgt:
In das Feld „Straße" schreibe ich „Postfiliale",
in das Feld „Nr." schreibe ich „123" und
in das Feld „Adresszusatz" (für Ergänzungen wie „c/o...." oder
„3. Etage") schreibe ich „PostNummer123456789" oder „PN
123456789".
Und wenn Sie meine Daten manuell in ein Formular übernehmen,
hätten sie ebenfalls diese drei Felder benutzen müssen. Aber meine Bestellung war sicher die allererste, die an eine Postfiliale gehen
sollte, wie sollen Sie das alles wissen?

Stimmt.
Ich bin ja eigentlich nur Harfenistin.

24. Tatsächlich?

Es gibt ein großartiges Doppelkonzert für zwei Harfen und Orchester von Elias Parish-Alvars.
Und genau dieses durften meine Freundin Regine und ich vor vielen Jahren spielen.
In einer großen Konzerthalle, dreimal hintereinander.
Wir bereiteten uns ein Jahr lang darauf vor, trafen uns regelmäßig zu zweit, um das Ding zu bändigen.
Schon im Vorfeld lässt mich der Intendant wissen, dass nicht sicher wäre, ob die Konzerte mit oder ohne Dirigat aufgeführt werden würden.
Der eingeladene Dirigent wisse noch nicht, ob er mit dem Werk klarkommen würde. Er sei primär Professor und für Chöre zuständig. Ach ja...
Mein Einwand, dass das eine an sich schon interessante Infor- mation sei und man sich ja dann ganz anders vorbereiten müsse, wird aktiv ignoriert.
Auf gut bayrisch: Schau ma moi, dann seng ma's scho.
Damit Sie was lernen:
Man kann so ein Werk auch vom ersten Geiger dirigieren lassen oder als Solist selbst die diversen Orchester-Einsätze mit viel Körpereinsatz andeuten.
Das geht aber bei Instrumenten mit viel Bewegungsfreiheit wie Streichern oder Bläsern besser als bei der Harfe. Außerdem ist das Konzert sehr schwer und wir sind zwei Solisten, also bitte, wir brauchen einen Vorwedler.

Bis zum geplanten Konzertwochenende werden wir in Unklarheit gelassen.
Dann ist es endlich so weit.

Da ich schon eher vor Ort sein kann als Regine, wird sehr kurzfristig doch noch eine Kennenlernprobe mit dem Taktstockexperten vereinbart.

Was soll ich sagen?

Es ist kompliziert.

Hat er sich das Stück vorher mal angesehen? Offenbar nein.

Das Werk ist kein klassischer Mozart, den man relativ unfallfrei pinseln kann, sondern ein romantischer Schinken, der etwas Gefühl für Agogik und Übergänge braucht.

Nichts, was ein Herr vom Fach nicht können sollte.

Es ruckelt ziemlich, als ich ihm meinen Part vorspiele und versuche, für ihn die relevanten Stellen zu sezieren.

Keine Chance.

Seine Bewegungen stimmen nicht mit der Musik überein, wir werden uns auf keinen seiner Einsätze verlassen können. Mir graust.

Nur so viel: Es ist KEIN Amateurorchester und er ist offiziell ein Profi.

Die erste Probe mit dem Orchester kommt, und jetzt wird es echt anstrengend.

Gleich im großen Saal, zum ersten Mal mit einem Klangkörper im Hintergrund, Regine neben mir.

Eigentlich müsste so etwas ganz gut funktionieren, aber hier läuft einfach gar nichts.

Die Mitmusiker grummeln, es hakt und rumpelt. Alle warten auf klare Ansagen und bekommen sie nicht, weil der Mensch mit dem Dirigierstab in der Hand keine geben kann. Oder vielleicht will?

Hinterher wilde Diskussionen. So würde es nicht gehen, mit diesem Dirigenten wollen sie nicht spielen.

Nicht ideal, wenn man selbst als Solistin von der ganzen Unruhe betroffen ist.

Das Stück ist schwer genug.

Der nächste Morgen kommt, ich habe trotz der Turbulenzen einigermaßen gut geschlafen.

Wir treffen uns noch einmal extra in unserer Garderobe mit dem Herrn, der Professor ist und sich Dirigent nennt, damit wir einige Sachen klären können.

Ich weiß nicht, was er hat, aber irgendwann meine ich ziemlich genervt:

„Jetzt lassen wir mal Regine spielen, ich dirigiere und sie können mich einfach kopieren. Dann finden wir schon das Tempo für die Übergänge."

Vielleicht mache ich es ja schlecht vor, und vielleicht singe ich ja auch nicht perfekt, aber ein synchrones Miteinander unserer Bewegungen stellt sich nicht ein.

Vor der Probe mit dem Orchester suche ich den Intendanten, der alle Entscheidungen in diesem Laden trifft, in seinem Büro auf.

Was tun?

Er überlegt laut (und ich bekomme gleich die Krise):

„Das Stück jetzt vom Programm nehmen ist ja auch doof, es dauert immerhin 28 min."

Ich:

„Ja, genau. Und wir haben ja auch NUR EIN JAHR daran geübt…!"

Unser ganzer Elan, die lange Vorbereitung und dann solche Diskussionen.

Äußerst ernüchternd.

Was für ein (vermeidbares) Kasperltheater müssen wir uns hier wieder geben?

Es ist übrigens der Tag des ersten Konzertes, in sechs Stunden kommt das Publikum.

Mein Vorschlag:

„Könnte man nicht einen anderen Dirigenten aus der Stadt nehmen?"

Seine Antwort:

„Ach, jetzt probiert es doch noch einmal in der Probe, das wird schon werden."

Pffft.

Auch die nächste Probe bringt keine Verbesserung, unsere Mitmusiker gehen auf die Barrikaden.

Es ist nicht zu sehen, ob sich der Dirigent des Fiaskos bewusst ist. Ist es ihm egal oder vielleicht doch wenigstens peinlich?

Für ein Dirigat ohne den Mann ist es jetzt auf jeden Fall zu spät, der Konzertmeister ist nicht bereit, diesen Job, mal schnell von der Geige aus, zu übernehmen.

(Das ist an sich nichts Ungewöhnliches, er hätte das schon machen können – aber nur, wenn es lange im Vorfeld bekannt ist und sich der Musiker darauf vorbereiten kann.)

Der dreiköpfige Orchestervorstand entert das Intendantenbüro.

Kurz darauf die Nachricht: Es kommt ein Kapellmeister vom anderen Haus.

Dies bedeutet allerdings eine Extraprobe - nur er und wir zwei Harfen - und dann noch eine zusätzliche Probe direkt vor dem Abendkonzert mit dem Klangkörper.

Dazwischen rutscht Regine auf glattem Asphalt aus, prellt sich den rechten Ellbogen und blutet am Knie.

Wahrscheinlich um nicht noch mehr Unruhe in die Situation zu bringen, behält sie das Malheur erst einmal für sich.

Sie ist bewundernswert tough und verzieht keine Miene, erst am Abend sehe ich ihre Wunden.

Der neue Mann am Taktstock, der nun erscheint, vermittelt absolute Ruhe und Kompetenz.

Routiniert kurvt er mit uns durch die Partitur, unsere Anspannung lässt etwas nach.

Auch mit dem Orchester glückt alles mühelos.

Wir sind zwar schon ganz schön durch, weil wir das Monsterkonzert heute ja bereits mehrere Mal geklampft haben, aber mit letzter Energie schaffen wir unser Husarenstück ohne größere Komplikationen vor einem riesigen Saal und glücklichen Zuhörern.

Am nächsten Tag Konzert einmal vormittags, einmal nachmittags, jeweils vor sehr gut besuchtem Haus.

Was für ein Wochenende. Mit so unnötigem Stress.

Trotzdem stolz und erleichtert über unseren Kraftakt räumen wir das Feld.

Auf meine Frage, ob er in seiner Schatulle noch einen kleinen Bonus für unsere extra geleistete Arbeit findet, meint der eigentlich befreundete Intendant nur:

„Ach so, nein, wir hatten ja viel höhere Kosten jetzt wegen des zusätzlichen Kapellmeisters. Und echt: Du musst mal Pause machen, Du wirkst etwas gestresst!"

Tatsächlich…?

25. Adoptionsproblem

„Sie müssen die Kinder unbedingt übernehmen!" schallt es zur Begrüßung aus dem Handy.
Aha.
„Das wird mir sonst zu viel Aufwand, wenn ich zu beiden Regionalwettbewerben muss, ich habe nämlich in dieser Zeit ein wichtiges Konzert."
Aha.
(Bekommen Sie eigentlich auch manchmal verrückte Anrufe oder passiert das regelmäßig nur mir?)
„Bei dem anderen Regionalwettbewerb habe ich schon angerufen, aber die wollten mir keine Auskunft geben!"
Jetzt werde ich wohl mal durchgreifen müssen...
„Hallo erstmal, darf ich fragen, mit wem ich spreche, um was es hier genau geht, warum Sie mich auf meiner Privatnummer anrufen und wenn möglich, bitte ganz von vorne."
Die Dame ist sichtlich irritiert, aber schafft es tatsächlich im zweiten Anlauf, mir ihr Problem verständlich zu machen.
Sie sei Musiklehrerin und möchte mehrere Schüler für den Regionalwettbewerb Jugend musiziert anmelden. Da sie genau an der Grenze von zwei Landkreisen wohnen würde, müsste eigentlich ein Teil ihrer Schüler in Niederbayern und ein Teil bei uns in Traunstein antreten. Und ob wir einfach alle nehmen könnten, weil sie eben in der Woche danach selbst ein großes Konzert habe.

Zur Orientierung: es ist Mitte Oktober, der Anmeldeschluss zum größten deutschen Jugendwettbewerb, den ich als Geschäftsführerin für den Bereich Südostbayern betreue, ist traditionell der 15. November, die öffentlichen Vorspiele finden erst im Februar des darauffolgenden Jahres statt. Wir haben also noch etwas Zeit...

133

Jedes Jahr sind andere Instrumente an der Reihe.

Da man für jede Wertung eine eigene Jury braucht und nicht immer genügend Teilnehmer für ein Instrument angemeldet sind, kann es durchaus vorkommen, dass man zwischen den Regionalwettbewerben tauscht.

Nach dem Motto: schickt mir eure zwei Schlagzeuger und nehmt dafür meine drei Sängerinnen.

Diese Absprachen lassen sich aber erst nach dem 15.11. treffen, weil man erst dann weiß, wer sich definitiv zum Wettbewerb angemeldet hat.

Das erkläre ich der Dame auch und sichere ihr zu, dass ich immer versuche, es für alle passend und angenehm zu machen.

Ihre Schüler sollten sich ganz normal online anmelden, dann den Zettelkram ausdrucken, persönlich unterschreiben, von einem Elternteil und dem Lehrer signieren lassen, einfach eine Notiz dazu kleben, dass sie gerne in Traunstein antreten würden und an unseren Regionalausschuss schicken. Das alles mit Datum des Poststempels 15. November.

Ja, aber sie habe eine ganz junge Schülerin, die spiele erst seit vier Wochen, sei aber schon jetzt so gut, dass sie unbedingt teilnehmen müsse.

„Wenn das Mädel das geforderte Repertoire und eine Spieldauer von den in ihrer Altersgruppe vorgeschriebenen 6-10 Minuten dann schon hinbekommt, dann melden Sie sie gerne an."

„Es wäre mir schon sehr wichtig, dass alle in Traunstein antreten, weil ich ja ein großes Konzert in dieser Zeit habe und so weiter…"

Jaha, das hatten wir jetzt doch schon.

„Alles klar, ich habe Sie verstanden. Wie gesagt, versuche ich mein Möglichstes, aber ich muss erst einmal schauen, wer sich überhaupt anmeldet und dann hören Sie von mir. Wohl rund um den

20. November, also in ca. sechs Wochen."

Der Regionalausschuss ist beim Landratsamt in Traunstein ange-siedelt und dort ist mir eine wunderbare Freundin und Helferin im JUMU-Büro zugeteilt.

Yvonne kann sich genauso wie ich wunderbar über Sachen aufre-gen, aber im Endeffekt sind wir dann beide sehr schnell, flexibel, unerschrocken und belastbar.

Deshalb wundere ich mich auch nicht über ihren Anruf am 15. No-vember, dem Tag der finalen Anmeldungsabgabe.

„Das Jugendamt hier im Haus hat mir gerade ein Fax vorbeibringen lassen."

„Aha!"

„Sie konnten mit dem Hinweis „Kinder zur Adoption freigeben" nicht wirklich etwas anfangen."

Wie bitte?

Unsere neue Bekannte hat tatsächlich ein handgeschriebenes Fax geschickt, wo sie den ersten Wirbel in die Regionalausschuss- Orts-wechsel- Thematik brachte.

Der Postverteiler im Landratsamt las ADOPTION und so lande-te die (sowieso völlig unnötige) Information erst einmal beim Ju-gendamt.

Und jetzt also nach einigen Umwegen bei uns.

Ich bin eh gerade auf dem Weg ins Büro und so kann ich bei meiner Ankunft erleben, wie seitenweise Faxe aus dem Apparat quellen.

Sieben Anmeldungen à 3 - 4 Blätter von: DEN SCHÜLERN AUS DER ENTFERNTEN LANDKREISECKE.

Ich rufe die faxende Lehrerin sofort an und weise sie darauf hin, dass die Anmeldungen im Original per Post oder persönlich anzu-liefern seien, per Fax würden sie nichts nützen.

Sie keift mich an, dass das nur zu unserer Vorab-Info wäre und ob ich keine anderen Probleme habe.

Ich teile ihr mit, dass wir aktuell 180 Anmeldungen hätten, die es alle schaffen würden, sich an das Papier-Post-Anlieferungs-Prozedere zu halten und dass ich ihre Schüler nur zulassen könne, wenn alles heute noch abgeschickt werden würde.

Sie lässt mich wissen, was sie von diesem System hält (nämlich nichts) und tobt noch ein Weilchen. Ich lege dann mal auf.

Zwei Tage später, Yvonne und ich sind gerade dabei, im Büro die Anmeldungen zu sortieren, kopieren und korrigieren, da läutet mein Handy.

Sie ahnen es: Der Anruf kommt aus besagter Landkreisecke.

Mal sehen, mit was ich heute dienen kann.

Sie brauche jetzt SOFORT die Anmeldungen, weil sie etwas bezüglich der angegebenen Musikstücke schauen müsse.

Mein Gerne-zu-Diensten-Level ist heute nicht sehr stark ausgeprägt, ich lasse die musiklehrende Anruferin wissen, dass ich für ihre Ideen heute einfach keine Zeit hätte, dass sie aber sehr gerne nach Traunstein zur Einsichtnahme kommen könne. Die Bürozeiten seien folgende….

Sie bezichtigt mich der Schikane und eigentlich bräuchte sie die Informationen ja eh nicht, weil sie sich sowieso alles wohlweislich kopiert habe.

Einmal Durchatmen, bitte.

Es folgen gleich im Anschluss noch einige unverschämte Mails, ich reagiere bayrisch: nicht einmal ignorieren…

Einige Wochen später sitze ich an der Erstellung der Wertungspläne für den JUMU-Wettbewerb. Dafür müssen in mehrtägiger Arbeit folgende Komponenten in Einklang gebracht werden:

- 180 teilnehmende Kinder und Jugendliche, die teilweise mit verschiedenen Instrumenten in mehreren Wertungen antreten
- 18 Juroren
- Anzahl der möglichen Wertungsräume in einem Traunsteiner Gymnasium
- für welche Wertungen wird ein Konzertflügel benötigt, wo reicht ein gutes Klavier?
- Anzahl der möglichen Wertungsräume, in denen die Türe breit genug ist, um einen Flügel hineinzuschieben
- Anzahl der Einspielräume, in die ich ein aus der Musikschule anzulieferndes Klavier stellen muss
- Einschränkungen von Seiten der Juroren, die aus einem größeren Umkreis anreisen.
- Wie kann ich unter anderem die diesjährigen vier parallelen Wertungen für Streicher so sortieren, dass auch die zwei Klavier-Korrepetitoren, die jeweils zehn Kinder begleiten müssen sowie die zwei Familien mit ihren je vier in unterschiedlichen Kategorien teilnehmenden Kindern dazwischen mal noch atmen können und sich nicht vierteilen müssen?

Ich versuche es so zu planen, dass die Eltern und Lehrer das Kind sowohl beim Einspielen betreuen als auch beim Wertungsspiel dabei sein können.

Es wäre auch möglich, sich den Stress komplett zu sparen, einfach den Computer machen zu lassen und einen ausgespuckten Wertungsplan zu verwenden.

Dem Algorithmus ist es aber egal, ob ein Lehrer die Chance bekommt, sich um jeden seiner Schüler zu kümmern und macht einfach einen Zeitplan nach Schema F.

Das entspricht nicht ganz meiner Einstellung und so kümmere ich mich in einer Art „Sudoku-Modus" um einen für alle passenden und bequemen Zeitplan.

Wenn so ein Plan dann mal mühsam steht, kommen gerne auch immer kurzfristige Sonderwünsche wie:
Unsere Tochter ist auf eine Faschingsparty eingeladen und kann nur am Vormittag, wir bitten um Berücksichtigung.
Oder: dieses Wochenende ist traditionell unser Familien-Skitag, bitte verschieben Sie den Wettbewerb um eine Woche.

Ja klar, kann ich sonst noch mit etwas dienen...?

Unserer eifrigen Lehrerin habe ich bereits mitgeteilt, dass wir ihre Schüler komplett nehmen – so, wie sie es gewünscht hat. Auch den Zeitplan habe ich extra um sie herum gestrickt, damit sie sich gut um alle ihre Schützlinge kümmern kann.
Per E-Mail informiere ich sämtliche Teilnehmer über den angedachten Ablauf, bis zum Wettbewerb sind es sieben Wochen.
Meine Computermaus ist noch warm, da kommt schon der Anruf:
„Sie haben meine kleinste Schülerin vergessen!!!!!!"
„Nein, wenn Sie bitte mal schauen und in der E-Mail etwas nach unten scrollen, die Reihenfolge ist Altersgruppe 1B und dann 1A; und da steht sie dann auch schon!"
„Wenn Sie einen Fehler machen, werde ich Sie wohl darauf hinweisen dürfen!"
„Es ist kein Fehler, sondern Absicht, damit Sie mehr Zeit für ihre Schüler haben und ihre kleinste Teilnehmerin entspannt anreisen kann!
Und jetzt sparen Sie sich einfach mal Ihre Unverschämtheiten, wie versuchen hier echt alles möglich zu machen!"
Sie legt grußlos auf.
Und legt mit einer E-Mail nach: „Ich melde den Vorfall umgehend

an die Geschäftsstelle von Jugend musiziert in Bonn. Sie hören von mir, sollte ich nicht sehr schnell eine Entschuldigung von Ihnen bekommen!"

Weitere E-Mails folgen ...

10 Wochen später. Der Tag der Tage.

Wir haben alles vorbereitet.

Klassenzimmer sind in Konzerträume verwandelt, Trennwände aufgekurbelt, Banner aufgehängt, Rollups aufgestellt, Klaviere angeliefert und durchs Haus geschoben, die Presse informiert, die Klavierstimmer bestellt.

Yvonne hat Jurymappen gezaubert, für die sie jedes Jahr Extralobeshymnen von den Juroren bekommt, das Urkundendruckprogramm ist installiert, Teilnehmerlisten an die Einspiel- und Wertungsräume gehängt, Helfer instruiert. Auch mit dem Caterer ist alles besprochen, Getränke stehen bereit – kurzum: es ist angerichtet.

Unsere Wertungs-Experten sind trotz eines massiven nächtlichen Wintereinbruchs pünktlich bis aus dem Bayerischen Wald angereist, um 9 Uhr geht es los.

Da ich es großartig finde, wenn sich Kinder und Jugendliche einem Wettbewerb stellen und viel Zeit, Muse, Geduld, Kraft und Energie investieren, bitte ich meine Juroren im Einführungsgespräch, dass sie fair, aber liebevoll und emphatisch werten sollen.

Der Regionalwettbewerb ist der erste von drei Stufen der JU-MU-Ausscheidungen: Region, Bundesland, Deutschland.

Gerade bei den Kleinen und Kleineren ist eine positive Bewertung absolut wichtig, Nicht inflationär, aber unbedingt PRO Kind.

Es gibt maximal 25 Punkte, bis 13 Punkte erhält der Teilnehmer noch einen Preis, danach Prädikate wie: mit sehr gutem Erfolg, mit gutem Erfolg, mit Erfolg oder nur noch teilgenommen.

Die ganzen Wort-Prädikate finde ich als Motivation für ganz junge Musizierende zu geringschätzend, ich möchte nicht, dass ein Kind beim Regionalwettbewerb ohne Preis nach Hause geht.

Und so will ich es also auch in diesem Jahr handhaben.

Um 10:30 Uhr bekomme ich die ersten Ergebnisse aus einer Wertung.

Altersgruppe 1B: 1x 24 Punkte = 1. Preis und 2x 4 Punkte = teilgenommen.

Entsetzt eile ich in das Zimmer der Fach-Jury.

„Was ist denn bei euch los?"

„Na ja, diese Kinder können leider nur das Instrument halten, von Spielen kann keine Rede sein. Wir haben überlegt ihnen NULL Punkte zu geben, aber das wolltest Du ja nicht!"

Puh. Was nun?

Ich schaue in meinen Plan, die nächste Wertung dieser Kategorie ist in 5 Minuten, Altersgruppe 1A.

Es wird das im Oktober schon als Wunderkind angepriesene Mädchen sein.

Gespannt setze ich mich in das Klassenzimmer. Es geht los.

Und ich bin irritiert.

Neben der zierlichen 6-Jährigen und ihrem überdimensionalen Instrument platziert sich jetzt die Lehrerin.

Äh, hallo? Das ist eine Solowertung.

Wie der Name schon sagt: solo = allein.

Was macht sie denn da?

Und schon die Antwort:

Sie greift beherzt zu ihrem eigenen Instrument und liefert ein Klangbett für die kleine Anfängerin.

Diese eiert mühsam von Ton zu Ton, die Lehrerin begleitet jetzt auch noch leise singend die Präsentation.

Äh, darf die das? Ich bin mir unsicher.

Rasch google ich in der Jugend musiziert-Ausschreibung nach den Formalien für diese Altersgruppe, ich habe das auch nicht alles parat. Vielleicht dürfen ja die Kleinsten MIT Begleitung spielen?

Nach einer Minute weiß ich, dass dem nicht so ist.

Was jetzt?

Nach einem Anruf bei einem versierten Kollegen sehen wir keine andere Möglichkeit, als das Kind zu disqualifizieren.

Und damit haben sich bei der Büchse der Pandora schon mal die Scharniere gelockert…

Es wird noch ein sehr langer Tag mit vielen zusätzlichen Organisationsproblemen.

Das Mädchen soll natürlich für ihre Teilnahme geehrt werden, darf aber nicht in den Wertungslisten auftauchen, wir brauchen eine Extra-Urkunde etc.; alles Neuland für mich.

Bei der Siegerehrung wird nichts erwähnt, sie bekommt, wie jeder Teilnehmer, ein kleines Geschenk und eine (wenn auch nicht ganz baugleiche) Urkunde.

Die Lehrerin läuft mir noch mehrmals über den Weg, aber ignoriert mich gekonnt.

Was allerdings nicht lange anhält:

Am Tag nach dem Wettbewerb glüht der E-Mail-Account.

Sie kündigt mir an, dass sie umgehend den Bundespräsidenten, also den Schirmherrn der deutschlandweiten Veranstaltung, informieren werde über meine … Ach, lassen wir das!

Es ging noch lange hin und her.

Doch zehn Wochen später, an Ostern, konnte ich die Geschichte als „final bearbeitet" zu den Akten legen.

Irgendjemand entschuldigte sich zwischenzeitlich bei mir – die besagte Dame war es allerdings nicht …

Jetzt kennen Sie also einen weiteren Bestandteil meines Musikerlebens.

Insgesamt ist es ein toller Wettbewerb, bei dem wir meist nur begeisterte Rückmeldungen bekommen.

Das Frohlocken wird mir also meist leicht gemacht, nur ab und an muss auch ich mal zum Teufelchen werden …

26. Zaubermittel

Wissen Sie, was AdBlue ist?

Nein?

Für ein Dieselauto ist das quasi der Stoff, aus dem die Träume sind.

In diesem Fall hatte das Mittel Albtraumqualitäten…

Grundsätzlich:

Mein Auto ist wunderbar!

Platz für Harfe und Fahrrad, eine bequeme und übersichtliche Reisekutsche, mit der ich die wirklich langen Fahrten sehr gut bewältigen kann.

Und der Opel Zafira denkt mit:

2500 km bevor AdBlue aus ist, bekomme ich die erste Nachricht im Display, dass mein Auto dann nicht mehr zu starten wäre.

Alles klar, da kann ich ja noch eine Weile fahren.

Ab jetzt erscheint bei JEDEM Motoranlassen die kleine Erinnerung mit einem akustischen Warnsignal. Ist ja schon gut. Ich mache es rechtzeitig. Wirklich!

Es waren zu der Zeit zum Glück viele Konzerte zu spielen, ich rauschte Kilometer um Kilometer auf den Autobahnen, bis mir das Display etwas von Nur-noch-800 km fürs Nachfüllen der Zauberflüssigkeit erzählte.

Das Problem bei dem Mittel, das zur Reduzierung der Stickoxidemissionen bei Dieselautos benötigt wird, ist: Es gibt bisher nur wenige Tankstellen, an denen man direkt und ohne zu pritscheln aus der Zapfsäule tanken kann.

AdBlue enthält Harnsäure, der Kontakt mit dem Autolack ist nicht ideal.

Man kann den Zusatzstoff auch in Kanistern kaufen, aber da man nie weiß, wie viel in den Tank reingeht, fährt man im schlechtesten

Fall den übrigen Rest im Plastikbehälter im Auto spazieren. Das versuche ich tunlichst zu vermeiden.

Zumindest mein Opel hat keine Anzeige, wie viel von dem Zeug in den speziellen Tank muss.

Nur eben, wie lange ich noch jeweils mit dem aktuell vorhandenen Stoff fahren kann.

In Traunstein gibt es aktuell keine einzige Tankstelle, die dieses Produkt führt.

Erst in 10 km Entfernung findet sich ein Anbieter, der leider selten auf meiner Strecke liegt.

Aber meine Schneiderin arbeitet ganz in der Nähe, und so hatte ich schon geplant, bei der nächste Konzertkleid-Änderung endlich das Zeug nachzufüllen.

„Noch 600 km" leuchtet mir aus dem Display entgegen.

Jetzt ist gleich ein guter Zeitpunkt, denke ich bei der Einfahrt zur im Vorfeld anvisierten Tankstelle.

Die Säule ist frei.

Und ein Zettel klebt daran.

„HEUTE KEIN ADBLUE".

Ja, danke für die Info.

Ärgerlich.

Am nächsten Tag darf ich zu zwei Konzerten in den Norden. Zur Not wird das Zaubermittel ja bis dorthin noch reichen. Außerdem kenne ich eine Tankstelle im Altmühltal unmittelbar an der A9, bei der ich direkt aus der Zapfsäule nachfüllen kann.

Und wie so oft: „Meine" Autobahn, die A8 zwischen München und Salzburg, ist voll.

Sehr voll. Auch die für mich heute notwendige A9 Richtung Nürnberg.

Also versuche ich mich mal wieder in abstrusen Schleichwegen, die wahrscheinlich nur bei Vollsperrungen auf der Autobahn wirklich Zeitgewinn bedeuten würden.

Wenigstens vermittelt mir das Fahren statt „Stehen im Stau" ein besseres Gefühl.

Und so lerne ich ja immer auch mehr von Deutschland kennen.

Oder waren Sie schon mal in Orten wie 57489 Halbhusten, 87719 Katzenhirn, 83620 Pups oder am sächsischen Fluss „Wilde Sau"?

Sie mögen einwenden, dass dies unnützes Wissen ist, aber es erweitert auf jeden Fall den Horizont.

Glücklich sehe ich auf der parallellaufenden Autobahn einen weiteren langen Stau, freue mich über meinen Coup und kurve lässig über die freie Landstraße.

Einmal eine Abzweigung verpennt, na gut, nehme ich halt die nächste und Minuten später finde ich mich in einem zwei-Kilometer-Stop-and-go-Line-up zur Wiederauffahrt auf die Autobahn.

Pfft, da war ich wohl mal wieder nicht die Einzige mit der „grandiosen" Alternativ-Idee.

Umdrehen geht nicht, eine doppelt durchgezogene Linie auf der Bundesstraße und ein superschneller Gegenverkehr halten zumindest mich davon ab (im Gegensatz zu einigen Harakiri-Fahrern vor mir).

Mein Auto signalisiert zwischendurch freundlich, aber bestimmt, dass es gerne demnächst AdBlue hätte.

Nur noch 400 km und dann bleibt das Auto stehen.

Wüste Androhungen, aber ja, ja, es kommt schon noch rechtzeitig, das Zaubermittel, jetzt pressiert es mir gerade ziemlich.

Ich bin auf dem Weg zu einer Nachmittags-Mugge in einem Altenheim, deren Chefin mich lange darum gebeten hatte.

Danach geht es noch zu einem kompletten Soloabend in einem Schloss, 50 km weiter.

Manchmal ist es einfach schlauer, gleich 2-mal am Tag zu spielen, weil eine Seniorenresidenz kein großer Konzertveranstalter ist, ich ja sowieso schon im Auto bin und sich die Benzin- (und AdBlue-) preise somit etwas besser amortisieren.

Endlich habe ich den Landstraßenstau hinter mir, bin wieder auf der Autobahn und rase gen Greding zur Zapfsäule meines Vertrauens.

Runter von der Autobahn, direkt in die Tankstelle hinein, die Säule ist frei, es klebt kein Hinderungsgrund daran, Türe auf, Deckel auf, Zapfhahn rein, los.

Die Tanksäule macht seltsame Geräusche.

Es hört sich nach großer Anstrengung an.

Der Zähler läuft seeeehr langsam.

Anscheinend tröpfchenweise verschwindet das kostbare Gut in dem Tank unter der B-Säule.

Meine Uhr tickt.

Wieso dauert das so lange?

Wird das Mittel erst in der Säule von kleinen Heinzelmännchen synthetisiert, zusammengemischt oder aufbereitet?

Nach fünf Minuten und mühsam errungenen sieben Litern beschließe ich, dass dies jetzt reichen muss.

Schnell bezahlt und schon heize ich die Auffahrt zur Autobahn hoch.

Bling.

Ein kleiner Warnhinweis, als ich mich auf die linke Spur vor einen herannahenden LKW schiebe:

Bitte füllen Sie AdBlue nach, sie haben noch 300 km.

Halllooooo?

Was ist denn bitte jetzt?

Hektisch rufe ich bei meiner Werkstatt an.

Der Mechaniker, bei dem ich immer das Gefühl habe, dass er mich - Thema Frau - Auto = Inkompetenz - nicht ganz ernst nimmt („Und Sie sind sich also sicher, dass das Auto beim Stehenbleiben noch nachrollt? Nein, so etwas kann eigentlich nicht sein! ICH habe so etwas noch nie erlebt!") meint entspannt, dass das manchmal ein Reset-Problem wäre, ich das Auto „im Normalfall" nur 10 Minuten stehen lassen müsste, dann würde es sicher wieder gehen.

Toll. Dies ist aber kein „Normalfall" und ich habe jetzt keine 10 Minuten, es wird eh schon knapp mit dem ersten Konzert. Die Autobahn füllt sich wieder zusehends.

Habe ich schon erwähnt, dass es Freitagnachmittag ist?

Am nächsten Tag muss ich außerdem weiter ins Ruhrgebiet.

Was mache ich jetzt mit diesem AdBlue-Reset-Problem??

Ich muss es unbedingt lösen, sonst kann ich meine zwei weiteren Konzerte im Nordwesten der Republik gleich knicken.

Während der Fahrt rufe ich bei 10 Opelwerkstätten an.

Zuerst im Ort, wo gleich die Mugge ist, dann dort, wo abends das Konzert stattfindet.

Bis dahin komme ich ja laut Displayanzeige noch.

Ich telefoniere mit netten Menschen in den verschiedenen Betrieben, die Auskünfte lauten unter anderem: „Sie können das Auto gerne bei uns abstellen, dann schauen wir am Montag mal nach" - „Unsere Werkstatt ist am Freitag ab 12 Uhr nicht mehr besetzt!" - „Ich glaube nicht, dass sich unser Lehrling damit auskennt!" usw. Hilfe!!

Dann: endlich Licht am Horizont.

Für Samstagmorgen finde ich zwei Werkstätten, die den Reset angeblich beherrschen.

Eine in der Nähe des Abendkonzertes, eine 30 km weiter südlich.

Ich bin erleichtert.

Die Nachmittagsmugge läuft gut.

Allerdings erfüllt sich der Wunsch auf ein Verschwinden der Display-Warnung nachdem das Auto über eine Stunde stand, leider nicht. Es scheint also kein „Normalfall" zu sein.

Geduld, meine liebe Reisekutsche, morgen Früh kümmert sich jemand um Dich!

Ich düse zum Abendauftritt in ein großartiges Schloss, in dem ich schon oft gespielt habe.

Der Veranstalter und ich haben eines unserer regelmäßigen Scharmützel zu verschiedenen Themen.

Heute: die (vorher dummerweise nicht konkretisierte) Gage.

Ich habe schon oft bei ihm gespielt, aber noch nie solo.

Deshalb ging ich ganz leidenschaftslos vom gleichen Gesamterlös aus wie bei einem Duokonzert, nur eben komplett für mich alleine. Nachdem er mir nach meinem Auftritt ein Kuvert mit einem „Freust Du Dich?" in die Hand drückt und mit Sicherheit erwartet, dass ich mich ihm, ob dieses unglaublichen Geldsegens, gleich an den Hals werfe, schaue ich ihn nur an und meine „Sag mal, geht's noch? Diese Gage für ein Solokonzert vor vollem Haus??"

Sofort fährt er die Hörner aus.

Er fände die Gage „Extrem!! hoch"! Es fallen Sätze verbal und hinterher gleich noch per Beleidigter-Leberwurst-E-Mail wie:

„Ich weiß gar nicht, warum Du Dich über das Honorar beschwerst, Du bist doch verheiratet, und dein Mann kümmert sich sicher um den Unterhalt der Familie!"

„Du hast zwar ein volles Solokonzert mit vier Zugaben gegeben, aber Du hast ja auch moderiert (zugegeben, das kannst Du sehr gut), aber dann kannst Du nicht sagen, dass Du voll durchgespielt hast!"

„Was willst Du denn, Du hast ja auch super viele CDs verkauft!"
„Meine Frau hatte immer Zugang zum gemeinsamen Konto, ich weiß, was Emanzipation bedeutet!"

Vergessen wir es.
Ich denke, dieses Mal war wirklich das letzte Mal, dass ich ihm die Bude vollgemacht habe (und er davon noch mindestens zwei andere Veranstaltungen wegen „Mischkalkulation" in seiner Reihe mitfinanzieren konnte).
Und eigentlich habe ich ja aktuell auch wirklich wesentlich gravierendere Probleme…
Die Nacht ist kurz und unruhig, pünktlich um 7:30 Uhr stehe ich erwartungsfroh in der Autowerkstatt.
Ich erkläre dem netten Herrn noch einmal das Problem, betone, wie sehr ich mich über rasche Erledigung freuen würde - ich hätte noch 440 km zum nächsten Konzert am Nachmittag - und übergebe ihm die Autoschlüssel.
Leicht gestresst laufe ich draußen auf und ab, nach 30 Minuten halte ich es nicht mehr aus und nähere mich meinem Auto.
Ein junger Mann steht davor, skeptischer Gesichtsausdruck. Er ist im Gespräch mit dem älteren Herrn von vorhin.
Mit einem Kopfschütteln dreht sich der Jüngere um und entfernt sich. Ich ahne es.
„Heute ist leider nur unser Geselle da und er kann das Problem nicht beheben!"
Wenigstens hat er es immerhin probiert.
Einen Joker habe ich noch.
Ich hechte ins Auto und rase los, 30 km gen Süden, eigentlich nicht die Richtung, in der mein heutiges Konzert liegt, aber es hilft nichts.
Parallel rufe ich in der dortigen Werkstatt an.

Ich baue etwas psychologischen Druck auf: „Ich zähle 100% auf Sie, sonst habe ich echt ein Problem!" und recherchiere parallel, ob ich als Alternative mit dem Zug ins Ruhrgebiet fahren könnte.

Aber am nächsten Tag ist dann noch ein Auftritt am Niederrhein, einfach zu viel Action und auch zeitlich nicht realisierbar mit den Öffentlichen Verkehrsmitteln.

20 Minuten später steht ein sehr entspannter Mechaniker vor mir. Er werde sich gleich um mein Problem kümmern, verspricht er, bittet um die Schlüssel und verschwindet mit meinem Auto in seinem Bau.

Hoffentlich geht das jetzt gut!

Wie ein Tiger turne ich vor der Werkstatt herum.

Schon 15 Minuten später, die Erlösung!

Der Könner verkündet strahlend seinen Erfolg.

Ich bin kurz davor, ihn zu küssen!

Er hätte jetzt nur 18 Liter Wundermittel draufgeschüttet sowie den Speicher ausgelesen und das Problem wäre verschwunden.

Wieder etwas gelernt.

Jetzt fülle ich immer schon beim spätestens Noch-2000-km-Warnsignal auf.

So ist zumindest der optimistische Plan...

(Beim Schreiben dieser Zeilen ist mein Auto bei 700 km....)

27. Ein bisschen Mimimi

Eine der Grundvoraussetzungen für freiberufliche Musiker sollte die vielbesungene Rossnatur sein.

Hauptsache „Nicht krankwerden!", wenn man mal wieder bei unterirdischen Rahmenbedingungen sein Bestes geben soll.

Gerne trifft es uns dann mitten in der Bethlehemrallye, wenn im Publikum eifrig gerotzt und gehustet wird. Dazu Harfentransporte durch den Schnee, nicht zu dicke Schuhe, weil man sonst die Pedale nicht mehr trifft auf dem kalten Kirchenboden, dazwischen heiße, dampfige Weihnachtsfeiern, wenig Schlaf und viel Sozialkontakt.

Wenigstens arbeite ich, seit wir Kinder haben, nicht mehr am Heiligen Abend.

Vor dem Nachwuchs verdiente ich aber jährlich an den Festtagen Schmerzensgeld.

Entweder mit mühsamem Background-Geklampfe zum Essen in österreichischen Sporthotels oder Konzerten in abartig kalten Kirchen.

Lange Zeit wurde ich auch immer noch in der Woche vor Weihnachten von einer bekannten Industriellenfamilie angefragt, ob ich am 24.12.22 kurzfristig kommen könnte.

Surprise, surprise! Dieses Weihnachten ist schon eine Diva.

Bumm und dann ist es völlig ohne Vorwarnung da…

Und dass an dem Festtag zur Verschönerung Harfenmusik passend wäre, ist ja wirklich eine völlig verrückte Idee…

Aber wie gesagt, ist der Tag mittlerweile arbeitstechnisch tabu.

Doch während meines Studiums in Lausanne freute ich mich noch sehr über ein Engagement zur Mitternachtsmesse in einer Kirche in Fribourg/CH.

Der Aufstieg mit Harfe auf die Empore war ein mittleres Kunststück, weil die gewendelte Treppe eigentlich zu schmal und zu niedrig für meine Harfe war.

Mühsam wuchteten mein Mann und ich das 1,87 m große Instrument nach oben über endlos scheinende Stufen in den gefühlt 3. Stock.

Dort empfing uns eine wilde Baustelle mit hängenden Plastikfolien, Betonsäcken und Anmisch-Kübeln.

Ein bisschen hätten sie schon aufräumen können für den hohen Festtag…

Ein Balanceakt über ausgelegte, schmale wacklige Bretter forderte unsere ganze Konzentration mit dem 40 kg schweren Instrument unterm Arm.

Endlich angekommen neben der Orgel und umrahmt von Chorsängern probten alle Beteiligten noch einmal das Werk und pünktlich um Mitternacht begann die Messe.

Es war abartig kalt und mein Mann saß in meinen dicken Harfenüberzug gewickelt in einer Ecke.

Nachdem die Stücke mit Chor vorbei waren, war ich eigentlich fertig und nahm mir den 2. Teil meines Harfensacks, um mich ebenfalls darin einzukuscheln.

Fatal.

Ich schlief ein.

Bis mich jemand an der Schulter rüttelte.

Ob ich nicht jetzt noch kurz ein schönes Solo spielen könne?

Was tut man nicht alles als idealistische und (junge) Musikerin?

Ich schälte mich aus meinem Überzug, setzte mich an die Harfe und spielte ein russisches Nocturne.

Wenn unten im Publikum noch keiner schlief, dann war jetzt der beste Zeitpunkt damit anzufangen, kurz vor 01:30 Uhr am 25.12.

Irgendwie brachten wir die Harfe wieder nach unten, und schon am nächsten Tag durfte ich im berühmten Berner Casino, einem tollen Konzertsaal, eine Fassung von La Damnation de Faust von Berlioz mit dem schönen Kammermusiktrio für zwei Flöten und Harfe spielen.

Danach fuhren wir nach Deutschland und die nächsten Tage lag ich mit hohem Fieber im Bett.

Zum Glück passiert das nicht oft.

Aber hier war die Musik-in-kalten-Kirchen-Dosierung anscheinend viel zu hoch gewesen.

Nur einmal musste ich mich während einer Konzertreise selbst in der Nacht ins Krankenhaus fahren.

Es war ein anstrengender Tag gewesen.

Zwei Schulklassen bekamen je eine „Harfenstunde", danach sollte ich noch ein Konzert mit reinem Blues-Jazz-Swing-Programm in einem Schloss, 50 km entfernt, spielen.

Die Damen aus dem Festivalbüro hatten mir intelligenterweise ein Hotel in der Stadt mit den Schulen gebucht, es war klar, dass ich nach dem Konzert wieder den Weg zurückfahren musste.

Schloss hört sich eigentlich immer nach „dort gibt es sicher auch ein nettes Café" an.

Pustekuchen.

Als ich völlig verhungert vor Ort ankam, war die Lage - wie ein Immobilienverkäufer umschreiben würde - einzigartig, sprich komplett in der Pampa.

Nix Cafe, nix Supermarkt, nix Tankstelle.

In einem Schrank in der zur Umkleide umfunktionierten Küche, fand ich einen alten Apfel, immerhin etwas.

Catering gab es nicht.

Ich spielte den ersten Teil und merkte, dass irgendwie meine Atmung anders war als sonst.

Den 2. Konzertteil brachte ich mühsam zu Ende, begeistertes Publikum, Zugaben. Es war einfach nur anstrengend.

Die Fahrt bei Regen zurück auf einer Baustellenautobahn habe ich noch immer im Gedächtnis.

Mühsam die Augen offenhaltend, mit dem unbedingten Wunsch, den Sekundenschlaf nicht zuschlagen zu lassen.

Im Hotel angekommen, legte ich mich in die heiße Badewanne, was sich im Nachhinein eher als Fehler erweisen sollte.

Danach hatte ich nämlich im Bett einen derartig hohen Puls, dass ich trotz immenser Müdigkeit nicht einschlafen konnte.

Fremde Stadt, mitten in der Nacht. Großartig.

Es fühlte sich nach Fieber an, Thermometer hatte ich natürlich keines dabei.

Also rief ich in einem Krankenhaus an, ich würde gerne kommen.

Dieses Haus wimmelte mich ab, da es keine Kapazitäten hatte, vielleicht hätte ich im anderen Klinikum am Ort mehr Glück.

Ich schleppte mich durch den Regen zum Auto auf dem Hotelparkplatz und tippte die Adresse des zweiten Krankenhauses ins Navi. Zum Glück lag es in relativer Nähe und schon Minuten später schlug ich in der Notaufnahme auf, in der wenig Betrieb war. Wenigstens das.

Die untersuchende Ärztin tippte auf eine beginnende Lungenentzündung und verschaffte sich mit einer Röntgenaufnahme Gewissheit.

Ja, sie würden mich dabehalten und medikamentös behandeln.

Ich meinte, das wäre schlecht, weil ich ja morgen das nächste Konzert geben müsste und ob sie mir bitte das Antibiotikum mitgeben könnten?

Nein, Antibiotika würden ausschließlich im Haus verabreicht.

Intravenös?

Nein, in Tablettenform.

Dann ist ja wohl ein Aufenthalt nicht zwingend notwendig, konterte ich. Ich wäre schon groß und würde jetzt gerne wieder in mein Hotel.

Ok, aber nur, wenn ich versprechen würde, am nächsten Tag zu meinem Hausarzt zu gehen.

„Mein Hausarzt ist 700 km von hier im Süden, da werde ich morgen nicht sein, aber ich garantiere Ihnen, dass ich die Tabletten nehme."

Ein Gezeter, nachts um 03 Uhr.

Irgendwann rückte eine resolute Krankenschwester die Tabletten raus und ich verschwand damit in mein Hotel.

Am folgenden Tag konnte ich zum Glück problemlos und (gefühlt) wieder fit, das nächste Konzert 200 km weiter spielen.

Der Nachgang zu der ganzen Aktion war dann noch etwas ernüchternd.

Das Festival ging kurz danach pleite.

Und damit war's auch um mein Honorar geschehen.

Nach einigen Jahren bekam ich für den ganzen Tag Plagerei feudale 30 Euro aus der Insolvenzmasse.

Vorgestern allerdings rief mich ein Herr an.

Er habe mich genau in diesem Blues-Jazz-Swing-Konzert gehört und sich seitdem meinen Namen gemerkt.

Ob ich im nächsten Jahr ein Konzert in seiner neuen Reihe in jenem Schloss spielen könne.

Ja! Kann ich! Wenn Sie mir Hotel und Catering direkt am Ort buchen. Und gerne die Gage vorher überweisen.

Wie immer: Nichts Schlechtes, wo etwas Gutes dabei ist…

28. Beim Schrei des Hahnes

Wenn man, so wie ich, regelmäßig bei Beerdigungen und Aussegnungen spielt, ergeben sich ab und an großartige Synergieeffekte.

„Sie haben so schön bei meiner Frau gespielt, ich hätte das dann gerne auch bei mir!" lauten häufig schon lange, bevor es so weit ist, diesbezügliche Anfragen.

Ebenso gibt es E-Mailschreiber, die sich schon genaue Gedanken über den Ablauf ihres letzten Ganges gemacht haben:

Sehr verehrte Frau Aichhorn,

... wie Sie schon öfter kundtaten, spielen Sie besonders gern auf Beerdigungen.

Dadurch kamen wir auf die Idee, Sie für die musikalische Umrahmung unserer, vorerst wohl meiner (86 Jahre), Verabschiedung einzuladen.

Ich hoffe, dass bis dahin noch etwas Zeit vergeht, man weiß es nicht, aber ein paar Gedanken dazu wollte ich mir schon gemacht haben. Wenn es so weit ist, so hoffe ich, sind Sie dann nicht gerade auf Tournee irgendwo auf dem Globus!

Es wird eine weltliche „Zeremonie" sein, ein paar, noch sehr grobe Gedanken dazu, werde ich Ihnen hier in der Folge skizzieren:

Entwurf Verabschiedung von XY *08.03.1934, Musik: Silke Aichhorn, Harfe:

1. Musikstück
2. Unbedingt: Vortrag des Gedichts: Der Wanderer in der Sägemühle (in einer leicht veränderte Fassung nach Justus Kerner) (Die Kernaussage: ein Wanderer lernt in der Sägemühle die

sprechfähige Tanne kennen, die die Bretter für seinen Sarg bereitstellt.)

3. Musikstück
4. Rede/Vortrag bezugnehmend auf eine Zeile des Gedichtes: „Da lang gewandert Du...“
5. Musikstück: Das Gitarrenstück „Sueno en la Floresta“ von Agustin Barrios, auf der Harfe sicher möglich?
6. Weitere Vorträge? - dann jeweils ein passendes kleines Musikstück.
7. Zum Abschluss ein Musikstück, das die Gäste „beschwingt, Richtung fröhlich,“ die Veranstaltung verlassen lässt – das Leben geht weiter – zum „Kaffee trinken“ oder so!

Das Skizzierte mag ungewöhnlich klingen, der Tod wird ja meist verdrängt, nicht so bei uns.
Wahrscheinlich wird die Feier im Krematorium in München stattfinden, es sei denn, wir wären gerade unterwegs bei der Verwandtschaft in Westdeutschland oder Holland!?
Auf Ihre Antwort zu meinen -unvollständigen- Vorstellungen bin ich sehr gespannt.
Vielleicht fällt Ihnen spontan etwas ein, was Sie in meinem Falle spielen würden?
 Nun grüße ich Sie recht herzlich,
 XY

Mal sehen, wann meine Dienste dann gebraucht werden.
Ich bin jedenfalls bereit, nur das Gitarrenstück muss ich ihm noch ausreden, es ist auf der Harfe nicht spielbar. Selbst wenn ich jetzt noch ein paar Jahre Zeit zum Üben hätte...

Auch im folgenden Fall war ich die musikalische Wunschkandidatin. Bei einer Beerdigung in der Nähe meiner Heimatstadt, bekam ich vom Bestatter den Termin mit dem Hinweis genannt, dass der Verstorbene meine Musik kurz vor seinem Ableben noch explizit bestellt habe (weil ich ja - Achtung: Synergieffekt! - schon so schön bei seiner Frau gespielt hätte!), und dass ein freier Redner für die Zeremonie käme, mit dem ich mich absprechen solle.

Freie Redner sind ein Fall für sich.

Auch wenn es mittlerweile offizielle Kurse für diese Berufsgruppe gibt, ist es immer wieder erstaunlich, was sich selbstgekrönt, selbstverliebt, ungehemmt und gut bezahlt auf Trauernde loslässt.

Während sich die handelsübliche Geistlichkeit meist an die Regularien hält und man ziemlich genau weiß, was auf einen zukommt, ist ein konfessionsloser Sprecher immer eine Art Überraschungsei.

So einen Vogel hatte ich anscheinend dieses Mal erwischt.

Der mittelalte untergroße Herr begrüßte mich direkt mit dem Hinweis, dass er ja Trompeter wäre und auf jeden Fall direkt am Grab spielen würde.

Da ich nur sehr selten direkt in Grabsteinnähe spiele (und das nur bei absolut optimalen Wetterbedingungen) war diese Information für mich irrelevant.

Ich war eher daran interessiert, den Ablauf der Aussegnung zu klären und deshalb stand ich in der Garderobe der Friedhofskapelle erwartungsvoll vor ihm.

Erst als er während der Einführung in seinen Lebenslauf einmal kurz Luft holte, konnte ich meinem Begehr ganz pragmatisch Nachdruck verleihen „Äh, wie wollen wir es denn jetzt machen? Wann soll ich spielen?"

Er schaute mich entgeistert an, irritiert ob meiner Frechheit, ihn in seinem „Impulsvortrag" zu unterbrechen und meinte dann: „Na ja,

EIN Stück mit der Harfe wird ja wohl reichen."

„Der Verstorbene hat extra darum gebeten, dass ich spiele, da sollte es doch mehr als ein Stück werden, finden Sie nicht?"

Aber er würde doch noch selbst am Grab mit der Trompete spielen.

Ja, das hatten wir schon.

„Jetzt geht es um die INDOOR-Aktivitäten. Normalerweise spiele ich 3-5 Stücke"

„Nein, das ist doch wirklich zu viel, vielleicht dann zwei?"

„Planen Sie mich einfach mit drei kurzen Stücken ein und geben Sie mir ein kleines Zeichen".

Ich lasse den Egozentriker stehen und mache mich auf in Richtung Harfe.

Die Zeremonie beginnt und es wird - wie zu erwarten - mühsam. Sehr mühsam.

Der Trauerredner hat es bereits zum 3. Mal geschafft, den Verstorbenen mit einem falschen Vor- oder Nachnamen anzureden und es fällt ihm nicht einmal auf.

Mit etwas Sensibilität hätte er an den Gesichtsausdrücken im Publikum ablesen können, dass der Großteil der Anwesenden mit der Gesamtsituation nicht zufrieden war.

Ich habe immerhin schon ein Musikstück untergebracht, da startet er mit seiner Abschiedsrede.

Was für ein Geschwurbel!

Ich richte mich auf Stand-by-Modus ein.

Es dauert.

Vor mir stöhnt eine Angehörige entnervt auf.

Dann endlich das Ende der Rede und darauf kommt normalerweise Musik.

Normalerweise.

Ich zucke kurz, reiße die Harfe zu mir. Doch er kündigt jetzt umständlich ein „freies Gebet" an.

Ein freies Gebet in diesem Fall bedeutet:

Acht (!) Minuten sinnfreier Text.

Wortfetzen wie: so ein Tod kommt eben...da müssen Sie sich auch als Angehörige drauf einstellen...es ist halt auch nicht jedem vergönnt, ein ganz langes Leben zu haben... ja, so eine Trauer kann schon dauern, aber das wissen Sie ja alle... dazu etwas von Hermann Hesse („Stufen"- ganz oben auf der Hitliste) und einmal den schon sehr ausgelutschten libanesischen Propheten Khalil Gibran...

Eine Oma in der ersten Reihe schüttelt den Kopf. Mit „A so a Schmarrn" bekundet sie unmissverständlich und gut hörbar ihre Unzufriedenheit mit der Gesamtsituation.

Aus der zweiten Reihe folgt ein lauter Schnarcher.

Da! Plötzlich:

Ein lautes Kikeriki!

Augenpaare wandern befremdet durch den Raum.

Und gleich noch ein Hahnenschrei.

Der Trauerredner ist irritiert, er kommt ins Stocken.

Es folgt ein dritter Kräher.

Unruhe kommt auf, Getuschel.

Besorgte Blicke bei den Tierfreunden unter den Trauernden, genervte Blicke bei den stehenden Besuchern der Feier, verschlafene Blicke bei der anwesenden Pubertier-Fraktion.

Auch ich hebe meine Beine reflexartig an, besorgt, gleich von einem harten Schnabel getroffen zu werden.

Da sehe ich im Augenwinkel eine Regung:

Ein jüngerer Herr im Hintergrund lässt grinsend sein Mobiltelefon in der Sakko-Tasche verschwinden.

Wie schön, dass es individuelle Klingeltöne auf Handys gibt, die sich im Notfall - und diese Veranstaltung war definitiv als Notfall einzustufen - aktivieren lassen.

Die Beerdigung ging dann tatsächlich relativ schnell zu Ende und ich konnte immerhin noch ein zweites Musikstück unterbringen.

Allerdings erst zum Auszug des Sarges, untermalt von lautem Glockengeläut...

Ich habe danach dem Bestatter von einer weiteren Inanspruchnahme dieses Redners abgeraten.

29. Wie kalt ist warm genug?

Ein Konzert im Oktober.

In einem sehr warmen Oktober.

Auf dem Weg zum 700 km entfernten Konzertort stelle ich im Lauf der Fahrt regelmäßig die Klimaanlage im Auto an, es ist wie im Sommer.

Immerhin habe ich mich für eine lange Jeans statt kurzer Hose entschieden, was sich beim Eintritt in die Kirche gleich als gute Idee heraus "kristallisiert".

Denn:

Es ist (mal wieder) eisig.

Im Vorfeld war von einer „nicht ganz warmen Kirche" gesprochen worden, aber der Kontrast von drinnen zu draußen ist jetzt echt krass.

Zwei entgegengesetzte Jahreszeiten, gefühlt nur getrennt durch dicke Kirchenmauern.

Sollen wir es mit dem Konzert nicht lieber gleich open-air probieren?

Fast schade, dass die Kirchenbänke festgeschraubt sind und einen Transport nach draußen verhindern.

Meine heutige Kammermusikpartnerin ist aus England, sie hat aktuell noch ein kurzärmliges Shirt an, mal sehen, wie lange sie durchhält.

Nachdem alles am Platz ist, proben wir zwei Stunden am Stück.

Wir haben uns erst einmal vorher in Wales für eine Probe getroffen, diese liegt bereits zwei Monate zurück.

Der Veranstalter springt währenddessen beschwingt durchs Kirchenschiff und bringt Banner, Plakate, Programmzettel, Stative und Kameras an die relevanten Stellen.

Ich frage zwischendurch mal vorsichtig nach einer Heizmöglichkeit.

162

Er lässt mich wissen, dass es in der kleinen, gemütlichen Sakristei 11 Grad hätte, und dass er in der (deutlich kühleren) Kirche nichts an der Temperatur machen könne.

„Und so kalt ist es doch wirklich nicht hier, oder? Also ich friere nicht!"

Er scheint Eskimo-Gene zu haben. Allein der Anblick seines offenen Hemdes ohne Sakko macht mir Gänsehaut.

Drei Tage zuvor hatte mich ein anderer Veranstalter angeschrieben: „Unsere Kirche wird Ende Oktober sehr zurückhaltend geheizt werden.

Welche Temperatur geht für dich zum Spielen noch???

Reichen dir 17 Grad? Oder sollen es 18 Grad sein?"

Ich hatte ihm geantwortet, dass meine Harfe und ich zwar sensibel seien, aber nicht auf derartigem Prinzessinnen-auf-der-Erbse- Niveau.

Und besser im Konzert mit Robert Harbeck frieren als wegen Karl Lauterbach absagen… (die Herren waren 2022 bekannt als Wirtschaftsminister mit kreativen Energie- Einsparideen und als Gesundheitsminister mit Hang zu großer Dramatik)

Aber hier?

Nach der Probe sind wir Eisklötze.

So können wir kein Konzert spielen.

Selbst die Flötistin aus Großbritannien, wo Menschen leben, die ja naturgemäß robuster bei niedrigeren Temperaturen sind, ist mittlerweile in alles eingewickelt, was sie im Koffer hatte, und sie ist „definitely not amused".

Also noch einmal die Bitte meinerseits um einen Heizstrahler, ein Heizkissen oder um ein Höherdrehen der Heizung.

Das Ganze versehen mit einer Drohung, dass wir in diesem Kühlschrank wirklich nicht spielen könnten.

Aber jetzt - surprise, surprise - zieht der Veranstalter auf einmal zwei originalverpackte Heizstrahler - „gespendet von einem Gönner" - aus einer Ecke der Kirche.

Die dürften zwar hier nicht aufgestellt werden - UND WARUM SIND SIE DANN DA? - aber vielleicht könnte man ja später mit den Verantwortlichen des Kirchenvorstands sprechen. Er hätte bisher da keinen Erfolg gehabt, aber möglicherweise ich?

Danke für die Info.

Und man hätte die Teile sicher nicht schon eher mal herstellen können?

Mir fällt gerade ein, dass das der gleiche Landstrich mit dem gleichen Veranstalter ist, bei dem ich mir damals die Lungenentzündung einhandelte…

Ich spiele mich noch eine weitere halbe Stunde ein, diesmal angenehm gewärmt von der Seite und von hinten. Läuft!

Zum Konzert wird es mir tatsächlich fast zu warm, kann aber auch sein, dass wie ab und an, eine wechseljahrtechnische Hitzewallung dazwischenfunkt.

Egal, das Konzert ist schön, das Publikum friert, wir nicht.

Nach dem Abbau geht's Richtung Hotel.

Und schon wieder wird es spannend.

Die Flötistin war bereits die Nacht zuvor dort gewesen, vor Ort aber mit dem Auto vom Veranstalter abgeholt worden.

Sie erklärt mir beim Einsteigen, dass sie grundsätzlich überhaupt keine Orientierung hätte und sie froh sei, dass sie mit mir fahren könne.

Ich kutschiere uns also an die angegebene Adresse und werde kurz vor Ankunft von einer die Straße komplett blockierenden Baustelle am Weiterfahren gehindert.

Vor uns eine Tiefgarage, aber gehört sie zum dahinter liegenden Hotel?

Ich rufe dort an.

Ein verschlafener Rezeptionist meldet sich.

Ich erkläre ihm mein Problem.

Und er nennt mir eine Straße, in der das Parkhaus liegen würde.

Nach der Eingabe ins Navi erscheint eine erstaunliche Nachricht.

Entfernung 3,4 km.

Naja, vielleicht wegen der Baustelle.

Aber irgendwie reichlich seltsam, laut meinem Stadtplan befindet sich das Hotel in 100 m Entfernung Luftlinie.

„Wird es schon stimmen", denke ich mir und so machen wir uns auf den Weg.

Mein innerer Monolog läuft auf Hochtouren.

Die Flötistin, die mit Einstieg in mein Auto sowieso ihre Verantwortung komplett abgegeben hat, ist nicht die richtige Ansprechpartnerin.

Ich zweifle an der Route. Und bin genervt.

An einer roten Ampel rufe ich erneut im Hotel an.

Ob die Adresse, die er mir genannt hätte, wirklich stimmen würde?

Das käme mir doch sehr weit draussen vor.

Nein, das hätte alles seine Richtigkeit.

Emma starrt auf ihr Handy und meint leise, doch, doch, das könnte schon stimmen.

Ok, sie war schon dort. So schlimm kann es ja wohl nicht sein mit ihrer schlechten Orientierung.

Nach 3,4 km bleibe ich stehen.

„Siehst Du irgendwo das Hotel?"

„Äh, nein, ich glaube nicht!"

Ich rufe zum dritten Mal bei dem netten Herrn an.

Wie er sich das jetzt so vorstellen würde?

Wo er uns hingeschickt hat, stehen zwar Häuser, aber die hätten wenig Ähnlichkeit mit einer großen Hotelkette.

Noch nicht mal mit einer kleinen Hotelkette.

Oder überhaupt einem Hotel.

Ohhhh.

Er habe sich getäuscht.

1000-mal Entschuldigung, es wäre sein erster Abend alleine an der Rezeption.

Die Straße zum Parkhaus, die er mir jetzt nennt, heißt ähnlich, aber zwischen einem namensgebenden Politiker und einem König aus dem vorvorigen Jahrhundert sollte man doch mit etwas Bildung unterscheiden können.

Obwohl. Ist das nicht oft dasselbe...??

Also, ein schwungvoller U-Turn, zurück durch Wohnviertel und an vielen Kreuzungen mit roten Ampeln vorbei zur vom „Experten" genannten Adresse.

Und, gaaaanz toll.

Wir stehen wieder vor dem allerersten Parkhaus und kommen wie zuvor wieder nicht durch die Straßensperre.

Langsam wird's mühsam.

Ein langer Tag im Auto, ein temporär kaltes Konzert und jetzt sinnfreies Gekurve durch eine nächtliche Stadt.

Wieder rufe ich im Hotel an.

Meine Laune ist dezent gereizt.

Ich denke, man kann es hören.

Obwohl der Rezeptionist meine Nummer jetzt wohl schon kennt, nimmt er mutig ab.

Ja, das ist richtig, da wäre eine Baustelle, aber ich müsste einfach nur in die andere Einbahnstraße entgegen der Fahrtrichtung reinfahren, das wäre temporär erlaubt.

Toller Plan.

Und wo ist diese „andere" Einbahnstraße?

Hat die auch einen Namen?

Den wisse er jetzt nicht, aber er habe eine Idee, wie man hinkäme.

Ich schiele unbewusst nach der versteckten Kamera.

Und damit das Ganze heute noch zu einem Ende kommt, zwinge ich den fähigen Herrn am Telefon zu bleiben.

20-sekündlich teile ich ihm meinen Livestandort mit.

Er führt mich formvollendet per Fernanweisung über den zum dritten Mal an diesem Abend absolvierten riesigen Kreisverkehr und zwei Kreuzungen und dann finden wir tatsächlich die normalerweise zur falschen Einfahrt verbotene und jetzt temporär erlaubte Einbahnstraße.

Wenn man da einfach mal ein - temporäres - Schild zur Hotelkette hinmachen würde??

Ich bin ja nicht die Einzige, die da parken möchte.

Nach 200 verbotenen Metern haben wir es geschafft.

Die Parkgarage tut sich vor uns auf und nimmt uns gnädig in Empfang.

Ebenso der Rezeptionisten-Anfänger, der sich mehrfach entschuldigt und sich gerade noch die Standardfrage: „Hatten Sie eine gute Anreise?" verkneift.

Immerhin schaut er wesentlich besser aus, als die Einrichtung des Hotels, dessen Glanzzeit wohl schon einige Jahre zurück liegt.

Einfach verwunderlich, dass es nach wie vor Hotels mit komplett mit Teppichen ausgelegten Gängen und Zimmern gibt.

Hier wurde letztmalig wohl in den 1980ern renoviert.

Und seitdem liegen da diese flauschigen Krümelfänger.

In lila. Igitt.

Immerhin bin ich am nächsten Tag nur minimal verschnupft und habe ganz gut geschlafen.

Am Morgen ist ein anderer Herr an der Rezeption, der schon vom Wegweiser-Malheur gehört hat.
Man hätte vorhin ein Schild für die Einfahrt in die Einbahnstraße in Auftrag gegeben. Besser spät, als nie.

30. Knasterfahrung

Waren Sie schon mal im Gefängnis?

Ich: ja.
Zweimal.
Einmal im Frauenknast in München und einmal bei den Herren in Oldenburg.
Was für ein krasses Gefühl, wenn sich Tür um Tür geräuschvoll hinter einem schließt.
Es ist bis auf die dauernden Schlüsselbundgeräusche relativ ruhig in den Gängen, in einer Zelle hört man jemanden kurz brüllen, die Beleuchtung ist unangenehm hell.
Der Yehudi-Menuhin-Verein „Live music now" beziehungsweise die „Gesellschaft zur Förderung von Kultur und Zivilisation" hatten die ungewöhnlichen Auftritte jeweils möglich gemacht.

Die Reise nach Oldenburg war ziemlich beschwerlich gewesen.
Harfe und Nachtzug, eh schon ein Kapitel für sich.
Mit einem halb-offenen Auge ruhend, neben einem nicht unbedingt für dieses Transportmittel vorgesehenem Instrument, das den halben Mittelgang im Großraumwagen zustellt. Es ist anstrengend.
Bei jedem Halt musste ich schauen, dass niemand über die Harfe stolpert.
Am Morgen dann, total verschlafen, plötzlich ein hektischer Gleiswechsel über steile Treppen in einem Bahnhof ohne funktionierende Aufzüge oder Rolltreppen. Ein fremder Helfer schiebt ungefragt meine Harfe so fest von unten an, dass ich fast rückwärts die Stufen hochfalle.
Immerhin bin ich jetzt wach.

Vor Ort angekommen werde ich von einem geräumigen Gefängnisbus abgeholt und wenig später, nach Durchfahrt durch ein sich schnell wieder schließendes Tor, ausgespuckt.

Ein altes Gebäude, ziemlich heruntergekommen. Nicht sehr einladend. Aber ich muss ja zum Glück nicht lange hierbleiben.

Meine Sängerin ist wohl schon da, ich höre ihr Geträller aus einem der oberen Stockwerke.

Ein sehr alter klappriger, halb offener Gitterfahrstuhl bringt Harfe und mich nach oben. Quietschend öffnet sich die Absperrung.

Zuallererst müsste ich jetzt mal auf eine Toilette.

Mein Begleiter kann anscheinend Gedanken lesen. Formvollendet führt er mich zum stillen Örtchen. Er würde dann vor der Türe warten. Puh.

Eine andauernde Anspannung wird die nächsten Stunden mein Begleiter sein. Genauso wie mein persönlicher und extra für mich abgestellter Schatten. Die Sängerin hat ebenfalls einen eigenen Aufpasser.

„Kann ich denn die Harfe jetzt schon in die Kapelle stellen?"

„Nein, der Raum muss erst noch auf versteckte Messer oder andere Gefährdungsmöglichkeiten z.B. in den Vorhängen oder unter den Stühlen untersucht werden."

Oha.

„Es könnte ja sein, dass Sie ein Insasse als Geisel nehmen möchte!"

Interessante Perspektiven. So habe ich mir das gar nicht überlegt im Vorfeld.

„Aber wir führen natürlich vorher auch noch bei jedem eine Leibesvisitation durch! Sie müssen sich also keine Sorgen machen, normalerweise passiert nichts!"

Es wäre schön, wenn heute „normalerweise" ist…

„Hinterher haben Sie dann noch die Möglichkeit, sich mit den Insassen zu unterhalten", bekomme ich als Info von einem anderen Justizvollzugsmitarbeiter.

„Mein Tipp: Glauben Sie denen einfach nichts. Die erzählen ihnen was von Kreditkartenbetrug und kleinem Raub, aber hier sitzen nur die schweren Jungs."

Und diese schweren Jungs sollen wir jetzt mit Sopran und Harfe beglücken?

Romantische Kunstlieder von zwei extra aus Bayern angereisten jungen Musikerinnen?

Ich bin neugierig und trotzdem fühle ich mich seltsam deplatziert.

Meine Sängerin und ich gehen das Programm kurz durch und sind fast startklar in unseren schönen Konzertkleidern.

Während ich noch eine eben gerissene Saite ersetze, werden die ersten Herren hergeführt.

Müde Gesichter, in grauen Overalls, langsam schlurfend, dazwischen aber auch wache Köpfe mit flinken Augen, Macho-Posen.

Ich bin sehr gespannt, wie wir hier so ankommen.

Und wir kommen gut an!

Der Applaus ist riesig, wir spielen drei Zugaben.

Mehrere Häftlinge möchten die Harfe anschauen, wie immer lasse ich mein Publikum an der Harfe zupfen.

Die Wachmänner stehen sehr präsent im Hintergrund.

Danach trifft man sich in einem größeren Gang zwischen den Zellen.

Deren Türen sind offen. Normalerweise nur für eine! Stunde am Tag, hatte mir mein Begleiter vorher gesagt.

Da ist unser Konzert mit nachträglichem „Empfang" anscheinend wirklich mehr als nur ein bisschen Abwechslung.

Es wurden extra einige Tische mit dekorativen Schnittchen und alkoholfreien Getränken aufgebaut. Mein Schatten ist permanent in meiner Nähe.

Wie vorhergesagt, erzählen mir die Herren bereitwillig, warum sie hier wären.

Bagatelldelikte, alles kein Problem. Es wäre praktisch jeweils nur ein „Kurzaufenthalt".

Die nächste Nacht verbringe ich erneut im Zug zurück nach Hause an den Alpenrand.
Um eine große Erfahrung reicher.

31. Agentenchaos und Konzertakquise

Beim Selbstmanagement stellt sich mir immer auch mal die Frage, ob ich nicht doch lieber mit einem Agenten zusammenarbeiten sollte.

Viele Veranstalter haben Berührungsängste mit Künstlern und wollen unbedingt nur mit einer zwischengeschalteten Agentur sprechen.

Andererseits:

Was bei mir mit einem Telefonat direkt geklärt werden könnte, muss dann mühsam um drei Ecken über einen Vermittler organisiert werden, ich verstehe die Logik einfach nicht…

Dennoch:

Jahrelang habe ich probiert, ein passendes Management zu finden.

Es gab einige erstaunliche Gespräche zu der Thematik.

So antwortete mir ein sehr betagter Künstlervertreter auf meine Frage, wie viele Konzerte er mir denn im ersten Jahr wohl anbieten könnte mit: „Keines, Sie sind doch verheiratet!"

Ein Argument, das immer wieder gerne aus dem Hut gezaubert wird.

Willkommen im 21. Jahrhundert, und das wird wohl nicht mal ein Gendersternchen ändern können.

Von den zwei Kultur-Coaches, deren werte Meinung ich bei der Auszeichnung zur Kultur-und Kreativpilotin der Bundesregierung gewonnen hatte, bekam ich den Tipp:

„Sie brauchen einen Agenten!"

„Ja, sehr gerne. Und wo finde ich den?"

„Ach, da gehen Sie jetzt einfach an die Münchner Musikhochschule und lassen sich vom Professor den besten Studenten aus dem Bereich Musikmanagement geben.

Wenn Sie selbst es schon schaffen, 100 Konzerte im Jahr zu akquirieren, dann sollte der Ihnen 120 heranschaffen, und Sie zahlen ihm die Differenz."

„Entschuldigung, aber kennen Sie das Business wirklich?

Ich bin schon Profi und kann doch nicht mit einem Komplett- Anfänger auf dem Markt starten. Haben Sie schon mal Konzerte akquiriert und organisiert?"

„Ja, selbstverständlich. Als ich noch jünger war."

„Da gab es aber noch kein Internet, oder?"

„Äh, nein."

Keine Ahnung, aber davon eine ganze Menge.

Ich fand es so mühsam.

Aber zurück zur Agentensuche.

Diesmal hatte ich Glück, dass mein Instinkt gut funktionierte...

Im Internet war ich über die Homepage einer Agentin gestolpert.

Tolle Musiker auf ihrer Liste, alles sehr beeindruckend.

Ich schickte ihr den Link zu meiner Homepage und verwies auf meine damals 50 Youtube-Videos.

Dann kam eine Rückmail, ich solle ihr bitte einen AKTUELLEN Lebenslauf, AKTUELLE Termine, AKTUELLE Videos, AKTUELLE Pressestimmen und AKTUELLE Fotos mailen.

Hallo? Genau dafür habe ich eigentlich eine Website und einen YouTube-Kanal.

Also schrieb ich ihr: „Es ist alles auf der Homepage zu finden"!

Kurz danach kam ein dicker Umschlag.

Darin ein seitenlanger Vertrag, den sie möglichst SOFORT per Scan zurückhaben wollte.

Inhalt unter anderem:

Zu zahlender Monatsbeitrag von 350.-/ zzgl. Mehrwertsteuer, dazu 10-15% Beteiligung an JEDEM Honorar.

Ich habe mal nicht gescannt und geschickt, sondern stattdessen um ein Treffen gebeten.

Auf der Autobahn nach München ist etwas Stau, ich rufe sie an, um meine kleine Verspätung anzukündigen.

Leider erfolglos. Am anderen Ende der Leitung nimmt niemand ab, es gibt aber auch keinen Anrufbeantworter.

Professionell geht irgendwie anders.

Eigentlich könnte ich gleich den Nachhauseweg antreten, oder?

Aber ich bin neugierig; außerdem habe ich hinterher noch einen anderen Termin.

Wir treffen uns in einem Café.

Was für eine Unart, erst einmal die Klamotten und die Figur des Gegenübers zu checken, bevor man sich das erste Mal in die Augen schaut….

Am Tisch neben ihr liegt die Unterschriftenmappe.

Sie hält schon den Stift in der Hand, als ich mich setze.

„Hier wäre zu unterschreiben, oder haben Sie noch eine Frage an mich?"

Allerdings.

Ich habe gleich mehrere...

Warum Sie keinen Anrufbeantworter hätte?

Und wie sie denn so arbeiten würde?

Sie erklärt sich. Viel warme Luft.

Hauptaussage:

Ja, es würde mindestens sechs Monate dauern, bis sich etwas entwickeln könnte.

Und sie würde halt so unglaublich viele Leute kennen, mit denen sie regelmäßig Kontakte pflegen würde.

Mein Kommentar, dass ich einige Veranstalter explizit im Vorfeld nach ihr gefragt habe, sie aber nicht bekannt wäre, löst kurzfristige Irritationen bei ihr aus.

„Ich spüre eine gewisse Aggression ihrerseits, und wir können das Gespräch auch beenden…".
„Ich denke, dass Sie Profi sind, ich auch. Und dann kann man sich ja auch auf Augenhöhe unterhalten, oder? Ich kenne Sie nicht und möchte mehr über Sie wissen, wenn Sie mich vertreten."
Sie entspannt sich etwas und nimmt den Stift wieder zur Hand.
Mit der anderen zieht sie die Unterschriftenmappe näher.
Leider muss ich ihr noch eine Frage stellen:
„Wo sehen Sie mich denn beim Honorar?"
Und dann nennt sie Zahlen, die so absurd weit oben liegen, dass ich nur mühsam das Grinsen unterdrücken kann.
Ob sie schon wisse, dass normale Kulturreihen diese Summen für eine ganze Saison inkl. Gagen für mehrere Konzerte, Plakate, Programmdruck und Werbung haben? Ihre Gagenvorstellungen sei niemand bereit zu zahlen!
Darauf meint sie (und wird nicht mal rot dabei):
„Wenn ICH das verhandle, schon!"
Alles klar. Ich bin übrigens auch keine Anfängerin mehr in diesem Geschäft…

Ich habe ihr dann abgesagt… Glücklicherweise.
Jahre später ist die Dame nämlich in aufsehenerregende Geschichten verwickelt.
Horrorstories von jungen Musikern, die nicht aus dem mit ihr geschlossenen Vertrag herauskommen und jahrelang Knebelkonstrukte aushalten müssen.
Sie macht definitiv gar nichts. Außer die große Kohle.
Und da sie wohl sehr findige Rechtsanwälte an der Hand hat, sind viele lange chancenlos.
Trotzdem war ihr die Justiz auf den Fersen.
Ich habe die Geschichte aber nicht weiter verfolgt…

Dann also lieber frei und glücklich, als von einer nichtarbeitenden Agentin vertreten und blockiert zu werden.

Auch wenn es nicht ganz unanstrengend ist, sich über Jahrzehnte bei den gleichen Veranstaltern jährlich zu bewerben, um dann zum Beispiel Enttäuschungen wie diese zu erleben:

Ein großer toller Saal mit bekannten Solisten, seit 20 Jahren schicke ich regelmäßig Postkarten, Briefe, E-Mails und versuche, mich für ein Konzert zu bewerben.

Und dann klappt es endlich!

Viele E-Mails mit Programmideen gehen hin und her.

Es sollen zwei Werke mit mir als Solistin in Begleitung eines Orchesters werden.

Dazu werde ich noch bei zwei Stücken im Orchester mitspielen.

Probe an einem Freitagabend, am Samstag dann eine öffentliche Generalprobe, die gleichzeitig ein Kinderkonzert sein soll („Sie können sicher auch ein bisschen moderieren, sie machen das doch so gut!"), am Abend dann das richtige Konzert.

Ich schicke mein Notenmaterial für die Orchestermusiker, damit der Veranstalter das nicht extra bei einem Verlag ausleihen muss.

Ach so, wir sollten ja noch das Honorar ausmachen.

„Also bei uns bekommen die Solisten immer 500.- Euro. FÜR ALLES ZUSAMMEN."

„Äh, wie bitte?"

„Na ja, Sie haben sich ja bei uns beworben!"

„Stimmt. Seit über 20 Jahren jährlich... Sie wissen aber schon, dass ich eigentlich kein Geld mitbringen wollte, um dieses Konzert bei Ihnen zu spielen, oder?"

„Aber wir zahlen Ihnen schließlich die Übernachtung von Freitag auf Samstag!"

„Und nach dem Konzert muss ich dann noch 350 km nach Hause fahren, wenn es nur eine Übernachtung gibt."

„Na ja, wenn es die Umstände erfordern, dann gehe ich selbst auch mit den Preisen runter, ich spiele auch ab und an Konzerte."

„Genau. Kann man ja mal machen, als verbeamteter bayerischer Gymnasiallehrer, der sich einfach an einen vom Veranstalter gemieteten und gestimmten Flügel setzt. Ich bringe mein Instrument im Auto mit, beide muss ich alle 6 bis 8 Jahre wegen Verschleiß austauschen, Wert zusammen aktuell ca. 95000.- Euro."

Ich bin auf 180.

„Ich habe bereits die kompletten Orchesternoten an Sie geliefert, bin zwei volle Tage für die ganze Aktion unterwegs und da habe ich noch keinen Ton geübt, zwei Proben, ein Konzert, und dann wird mir so ein Honorar angeboten?"

Nur zur Info, der Saal ist groß, die Tickets nicht günstig, das Orchester besteht aus vielen guten Amateuren, nur die Bläser sind von Profis besetzt.

Der Veranstalter ist dann nach langen Diskussionen doch noch „etwas" höher gegangen, eben „weil ja keine Notenausleihkosten fürs Orchester dazukämen und ich die Harfe mitbrächte. Da könnte er schon bei seinem Vorstand argumentieren."

Schlussendlich fiel das Konzert Corona zum Opfer, EIN lapidares Absage-E-Mail, natürlich kein Ausfallhonorar etc., und danach wurde auch nie mehr über einen Nachholtermin gesprochen.

Nur damit Sie mal einen Eindruck bekommen, wie das oft vermutete Musiker-Glamourleben so im Livealltag wirklich ist....

32. Stil-Fragen

Die Anfrage kommt durchaus überraschend.
Ob ich am kommenden Wochenende kurzfristig bei einer Hochzeit spielen könne, der Dudelsack sei ausgefallen.
„Sie wissen aber schon, dass ich NICHT Dudelsack spiele, oder?"
Ja, das wüssten sie, aber Harfe wäre in ihren Augen eine gute Alternative.
Das klingt nach sympathischen und unkomplizierten Brautleuten, dann breche ich ausnahmsweise mein „Eigentlich-spiele-ich-nicht-mehr-bei-Hochzeiten-Gelübde".

Und die Geschichte gibt mir auch gleich noch Recht:
Im Jahr 1600 wurden die Harfenspieler von den Engländern in Irland, Schottland und Wales gejagt. Die Harfe symbolisierte das Nationalgefühl und dies war nicht mehr gewünscht.
Anstelle des Saiteninstrumentes trat: DER DUDELSACK.
Das musikalische Einsatzgebiet der schottischen Dudelsackpfeifer sollte bis weit ins 18. Jahrhundert hinein den Schrei der Kreatur ausdrücken: in Geburtshymnen, Versammlungssignalen, Streit-, Kriegs- und Wettkampf-Musiken oder Totenklagen.
Von Hochzeit steht hier gar nichts, merke ich gerade.
Es war dem Pfeiffer bei Strafe untersagt, sich in Unterhaltungsmusik zu üben – für diesen Aufgabenbereich gab's im Haushalt eines jeden Chiefs den Barden und: DEN HARFENSPIELER!

Sag ich doch, Harfe ist (fast) immer die richtige Alternative!

Ob ich etwas Irisches oder Schottisches spielen könnte, das Brautpaar wäre Fan von Filmen wie des Mittelalterepos Braveheart.
Alles klar, mache ich natürlich möglich.

Zum Glück gibt es wunderbares Repertoire von der Insel für mein Instrument und so fahre ich gut vorbereitet ins Hinterland des bayerischen Großflughafens München-Erding.

Die Kirche liegt in dessen Einflugschneise, auf dem Friedhof tummelt sich die äußerst bunte Hochzeitsgesellschaft.

Beim Blick über die Gäste wird mir klar, dass ich anscheinend heute die Einzige bin, die kein Tattoo trägt. (Hinterher erweitert sich dieser Kreis nur mehr um den Pfarrer und die Mesnerin, auch sie - laut eigener Aussage, ich habe mir eine persönliche Inaugenscheinnahme erspart - ohne Körperdeko).

Hier wurde definitiv einiges Geld beim Hautstichler liegen gelassen, in Szene gesetzt von ärmellosen Kleidern, heraufgekrempelten Hemdsärmeln und sehr kurzen bis zu kurzen Rocksäumen.

Ein Großteil der Damen scheint auch noch regelmäßig den gleichen Friseur am Ort aufzusuchen. Die Haarprachten sind extravagant in pink oder lila gefärbt. Der Schnitt „kecke Kurzhaarfrisur, asymmetrisch" dominiert.

Es ist lustig, es ist laut, als sich alles in der Kirche einfindet.

Ich bin, nach einem kurzen Check mit dem Pfarrer, bereit für meinen Einsatz.

Es geht los.

Begleitet von seinem Trauzeugen, erscheint zuerst der Bräutigam.

Zur Feier des wichtigen Tages trägt er einen blauen Anzug und dazu passende blaue Crogs, diese unförmigen Gummilatschen mit Löchern.

Naja, vielleicht hat er ja ein Fußproblem. Er wird sich auf jeden Fall etwas dabei gedacht haben, zumindest das Farbschema „Anzug – Schuhe" kann man als geglückt bezeichnen.

Jetzt erscheint am Kircheneingang die Braut in Begleitung eines grünhaarigen Schlacks in einem bordeauxroten Samtanzug. Der Sohn kann es nicht sein, vielleicht ein Bruder?

Alles erhebt sich, ich wähle für den großen Moment ein Stück aus Schottland.

Mein Spiel wird untermalt von frenetischem Gejohle und wildem Handy-Geklicke.

Erst als die Hauptperson vor dem Altar Platz genommen hat, kann ich sie genauer betrachten.

Auch bei ihr gibt das klassisch geschnittene Brautkleid mit tiefem Rückendekolleté den Blick auf die Arbeiten diverser Nadelkünstler frei, die Haare sind lila und matchen somit nicht ganz mit der Farbwahl ihres zukünftigen Mannes.

Was soll's, sie schaut sehr glücklich aus!

Die Messe leidet etwas unter der mangelhaften Textsicherheit des Publikums bei Liedern, Gebeten und katholischen Floskeln.

Und trotzdem ist es eine herrlich ungekünstelte Hochzeit mit einem feinen Brautpaar, das sich an der örtlichen ARAL-Tankstelle kennen- und lieben gelernt hat.

Da ist dann mein Einsatz als Dudelsack-Ersatz um so viel angenehmer als der bei einer kürzlich gespielten Taufe in München.

Die Mutter rief mich an und hatte anhand von YouTube bereits die zwei Stücke ausgewählt, die ich zum Fest ihres Sohnes drei Monate später zum Besten geben sollte.

Per Mail bestätigten wir uns gegenseitig das Engagement, kurz vor dem Tag bekam ich ein perfekt durchorganisiertes Programm zugesandt, zu erwarten waren neben meiner Musik auch ein Chor, ein Streicherensemble mit hinzugezogenen Bläsern sowie eine Orgel.

Die E-Mails stammten jeweils von einer schnöden GMX-Adresse, eine Signatur fehlte und so konnte ich die im Vorfeld gewünschte Rechnung auch nur auf den Namen der Mutter ausstellen, die Anschrift ließ ich offen.

An einem Reise-Samstag mit voller Autobahn A8 bis München traf ich pünktlich ein, Parkplätze waren Mangelware.

Aber wenn man über viele Jahre viel spielt, kann man auch parktechnisch (und nicht nur bei Gruftmuggen) auf Synergieeffekte bauen.

Zwei Häuser vor der Kirche befindet sich eine Galerie, in der ich schon einmal aufgetreten war. Die Dame am Tresen nickte verständnisvoll und meinte, dass ich selbstverständlich gerne ihren Parkplatz im Hof benützen könne und wer denn heute in der Kirche feiern würde?

Es sähe sehr nach Adel aus. Die Damen seien alle so herausgeputzt und trügen zum Großteil einen Fascinator auf dem Kopf.

Falls Sie das nicht kennen sollten:

Ein Fascinator (von lateinisch fascinare = faszinieren) wird besonders in Großbritannien zu festlichen Anlässen getragen. Es handelt sich um einen leichten Kopfschmuck für Frauen, der etwa aus Federn, Blumen, Netzen und Bändern besteht und mit Hilfsmitteln wie Haarnadeln, Haarreifen oder Kämmen im Haar befestigt wird. Anders als ein Hut hat das gute Stück rein dekorative Funktion. Da er den Kopf kaum bedeckt, bietet er keinen oder wenig Schutz vor dem Wetter. Ein Glück, dass heute in München die Sonne scheint!

Nur ich OHNE Kopfschmuck, aber dafür MIT Turnschuhen.

Schlechte Style-Planung!

Also ziehe ich mich gleich mal im Auto um, damit der Schock nicht ganz so groß wird.

Eine weise Entscheidung, denn als ich die Kirchentür öffne und meinen schweren Notenständer in selbiger verkeile, um die Harfe hereinziehen zu können, steht ein nahezu perfektes menschliches Wesen vor mir.

Haut wie Porzellan, eine Figur, die auf viel Zeit in Fitnessstudios und wohl auch bei Körperinstandsetzungsinstitutionen schließen lässt.

Dazu ein Shiftkleid-Cape-Ensemble in rosé, komplimentiert von einem Fascinator in Art eines überdimensionierten rosa Gänseblümchens, das keck schräg auf dem Kopf der Täuflingsmutter sitzt. Als diese stellt sie sich auch gleich vor und ich bin froh, dass ich für den kleinen Jubilar meine neue Traummusik-CD und Karte in einem netten Beutelchen dabeihabe.

Ich drücke es ihr umgehend in die Hand und erst hinterher merke ich, dass ihr etwas blasierter Blick wohl nicht nur der Aufregung, sondern auch dem fehlenden Einpackpapier mit Schleifchen geschuldet war....

Die nette Mesnerin findet einen Platz in Altarnähe für mich, was gar nicht so einfach ist.

Eigentlich sollte man mich sehen, aber der Blumenschmuck ist dermaßen präsent platziert und drapiert, dass die Taufgesellschaft wahrscheinlich nur den Kopf der Harfensäule von den Bankreihen aus sehen kann.

Die Floristen waren gestern und heute - ganztägig! - im Einsatz. Es riecht wie in einem Gewächshaus, ich denke, dass meine Gage nur einen Bruchteil der Ausgaben des heutigen Tages darstellt.

Der Pfarrer, der sich als gebürtiger Schotte outet, trifft ein und beim Ankleiden in der Sakristei meint er fröhlich, dass ja in dem von der Täuflingsmutter vorbereiteten Ablaufplan keine Predigt aufgeführt sei und er somit auch keine halten werde.

Vielleicht wäre es einfach vergessen worden, aber er hätte kein Problem damit, darauf zu verzichten.

So wie ein mir bekannter Pfarrer, der einmal eine ganze Hochzeit lang ohne die Wörter „Gott" und „Herr" auskam und auf Rückfrage meinte, das Brautpaar hätte nichts von Gott hören wollen....

Die Mesnerin, eine pensionierte Ordensfrau, freut sich, dass „in diesem München" mal wieder jemand richtig bayrisch spricht und wir haben viel Spaß miteinander, bis es endlich losgeht.

Ja, BIS es losgeht.

12 Uhr steht im Programm, und um diese Zeit fühlt es sich in der Kirche an wie bei einem heiteren Sektempfang.

Es wird geplaudert, mindestens acht Kleinkinder lärmen durch die Gegend, verfolgt von ihren erfolglosen Nannys, der Pfarrer sitzt auf seinem Stuhl und übt sich eindeutig im „Bevor-ich-mich-aufrege-ist-es-mir-lieber-Wurst-Modus".

Um 12.07 Uhr hat Schwester Kreszentia genug, sie zieht energisch an der Klingel, die sonst eigentlich zum Anfang einer Messe ertönt. Und ich fange mal zu spielen an.

Während der kompletten ersten Notenseite höre ich noch immer murmelnde Stimmen im Hintergrund, aber allmählich wird es leiser. Als ich das Stück beendet habe, übernimmt der Pfarrer.

Gleich zur Begrüßung greift er zu einer diplomatischen Finte, die man mit etwas Gefühl als ziemlich frech bzw. fast unverschämt bezeichnen kann. Ich denke, er hat die Faxen jetzt auch dicke.

Cool meint er zu den vor ihm sitzenden Besuchern:

„Wie Sie im Programmheft sehen können, gibt es heute keine Predigt, aber bei so viel geballter Schönheit in der Kirche ist das ja gar kein Problem.

Der Kirchenraum ist schön, der Blumenschmuck herrlich und Sie sind ein besonderes Publikum.

Ich habe schon einige Fascinators hier an Ihnen gesehen, oder sagt man in Deutschland Faszinatoren?

Und wissen Sie, mittlerweile gehen ja viele Menschen nur noch in Jeans und T-Shirt in die Kirche, da ist es schon etwas Besonders, dass Sie sich so um Ihr Aussehen heute bemüht haben!"

Ich schnappe innerlich etwas nach Luft, die Täuflingsmutter blättert hektisch durch das so aufwendig gestaltete Heftchen.

Ist ihr da tatsächlich ein Fehler mit der unterschlagenen Predigt passiert?

Ihrem Gesichtsausdruck nach zu urteilen, eindeutig ja.

Musik von der Empore erklingt, es hat tatsächlich etwas von Englischem Königshaus.

Eine Motette von William Byrd, ein Gloria von Vivaldi, etwas Mendelssohn und ein prächtiger Händel.

Dann kommt eine Fassung des Glaubensbekenntnisses, die ich so auch noch nicht gehört habe.

Die Anleitung des Geistlichen lautet: „Sagen Sie einfach dreimal jeweils „Ich glaube"."

Dann liest er das alte Gebet etappenweise vor und lässt sich das Gesagte von der Gemeinde, mit den zwei einfach zu merkenden Worten, bestätigen.

Auch cool! So vermeidet man konsequent peinliche Textunsicherheiten.

Glaubensbekenntnis light, sozusagen.

Ebenso wissen bei der restlichen Liturgie die Wenigsten, was zu tun und zu sagen ist.

Die Anweisung des wackeren Schotten gleich zu Anfang, „Sie bleiben einfach alle die ganze Zeit sitzen, nur zur Taufe steht die Familie auf" verhindert unnötige Irritationen.

Ein Pärchen im Hintergrund quatscht immer noch. Es nervt.

Die Cousinen und die Tante des Täuflings wackeln auf ihren atemberaubenden Stilletos zum Lesepult und geben ein paar Fürbitten und einen Psalm zum Besten.

Die Mädels scheinen sich intensiv darauf vorbereitet zu haben, es hört sich betonungsmäßig alles ein bisschen an wie aus einer amerikanischen Netflix-Serie. Aber was soll's?

Zum Schluss gibt es noch ein „Großer Gott, wir loben Dich".

Die Mitmusiker auf der Empore, der Pfarrer und ich sind so ziemlich die einzigen Sänger.

Später im Auto google ich doch mal den Namen der Mutter. Und siehe da:
Eingeheiratet in einen großen und bekannten Münchner Konzern, sie hatte sich - taktisch nicht unklug - mit ihrem Mädchennamen bei mir gemeldet.
Kein Wunder also, dass ich wieder keine Ahnung hatte, wer meine Auftraggeber waren.
Woher auch?

33. Frau Aichhorn und die Behörden...

Ich oute mich gleich mal: Das Thema ist auf jeden Fall sehr dünnes Eis für mich.
Aber Sie wollen ja sicher auch etwas lernen bei der Lektüre und wenn es das ist, wie man es machen kann, aber besser nicht machen soll...
Manchmal gehen meine Geschichten mit Behörden oder Aktenschiebern relativ flüssig vonstatten.

Ich muss etwas ausholen:
Vor Jahren war ich in den Dom einer großen deutschen Stadt für ein Konzert eingeladen.
Und weil es dort rundherum kaum Parkplätze gibt, musste ich zuerst mitten vor dem Seiteneingang verboten parken, schnell die Harfe und Gedöns in den Dom bringen und dann mit dem Auto in eine nahegelegene Parkgarage verschwinden.
(Als ich später, also nach Harfe, Stuhl, CD-Koffer, Kleidersack anliefern, Auto parken, Mesner suchen, Sakristei mit einem Leihschlüssel aufsperren, Schlüssel zurückbringen, Harfe auspacken, Harfenüberzüge und -Wägelchen in der jetzt geöffneten Sakristei deponieren, beim Harfe stimmen bin, klingelt mein Handy und der verspätete Herr Kammermusikpartner „wollte sich nur mal erkundigen, wo man hier denn eigentlich so parken könnte...?" Geeeenau... Mann...)
Also, ich war bei der Tiefgarage.
Das Auto ist geparkt und ich suche mir den Weg an die Oberfläche. Der Ausgang befindet sich in einer Art Fußgängerzone. Dort höre ich eine Melodie, die ich zwar kenne, aber nicht verorten kann. Ein Geiger spielt zu einem Orchesterarrangement, das aus der neben ihm stehenden Lautsprecherbox kommt.

So schön! Und ich muss trotzdem schnell zurück zu meinem eigenen Instrument.

Keine Zeit zu warten, bis er fertig ist und ihn nach dem Titel zu fragen.

Aber die Melodie kenne ich, es wird sich weisen.

Monate später, an Weihnachten, kommt mein Patenkind und bringt Klaviernoten mit, damit wir etwas musizieren können.

Und was finde ich beim Blättern: Das Stück aus der Fußgängerzone.

Endlich weiß ich, was es ist: die Melodie aus dem berührenden Film „Schindlers Liste" mit der Musik von John Williams.

Die Klavierfassung ist mir etwas zu leicht, also mache ich mich auf die Suche nach einem besseren Arrangement.

Ich werde nicht so recht fündig und bastle mir aus dem Orchestermaterial eine eigene Version.

Da ich sowieso gerade an einer neuen CD arbeite, nehme ich das Stück zur Einspielung dazu.

Eine der Sachen, die ich bewusst nicht können möchte, ist das Notenschreiben am Computer.

Immer wieder habe ich Versuche gestartet, aber diese Wutanfälle braucht die Welt nicht.

Seit Jahren habe ich eine feine Lösung: Alexander von Partitur Xpress. Perfekt, schnell und jeden Cent wert.

Deshalb lasse ich mein neues Arrangement auch von ihm ordentlich schreiben, es spielt sich einfach leichter mit perfekt lesbaren Noten.

Die CD-Aufnahme wird sehr schön, und weil immer noch Lockdown ist, kümmere ich mich darum, die Erlaubnis zum Verkauf meines Arrangements einzuholen beim Notenverlag, der die Werke von John Williams betreut. Kann ja sein, dass jemand anderes das Werk auch spielen möchte.

Also google ich und schreibe dann an den deutschen Repräsentanten. Die Antwort haut mich allerdings schon aus den Socken:

Liebe Frau Aichhorn,
 leider habe ich keine Genehmigung seitens des Originalverlages für Ihr Arrangement erhalten, so dass ich Ihnen leider keine offizielle Freigabe dafür aussprechen kann. Ich muss Sie bitten, von der Veröffentlichung unseres Verlagswerkes abzusehen.
Tut mir leid, dass ich Ihnen keine positive Nachricht übermitteln kann.

Liebe Frau XY,
ernsthaft?
Ich darf es nicht auf meine neue CD nehmen?? Die ist schon gepresst!
Gibt es dazu eine Begründung???
Es sind so viele Bearbeitungen im Umlauf und das Stück ist super schön geworden.
Ich würde da gerne nochmal nachfragen.
Es wäre extrem schade!!!!!!!
Vielleicht können wir kurz telefonieren?
Ich möchte da nicht so schnell aufgeben!
Vor allem jetzt nicht, als Musiker in der Corona-Krise!!
Danke und viele Grüße
P.S.
Es gibt so viele gedruckte Klavierhefte mit Bearbeitungen von John Williams, da fehlt die Hälfte der Noten.
Bei mir sind fast alle Originalnoten vorhanden.
P.P.S
Meine CDs werden normal über die GEMA gemeldet.
(Zur Info für Sie, liebe/r LeserIn: Das heißt, Herr Williams be-

kommt schon über diese Verwertungsgesellschaft Tantiemen von meiner CD)

Die Dame will nicht telefonieren, ihre Antwort, die ein paar Tage dauert, lautet:
„Mein Problem ist, dass ich keine Antwort bekomme und nicht ohne Freigabe eine Genehmigung erteilen darf. Wenn Sie korrekt bei der GEMA melden, dann melden Sie die Version auf Ihrer CD als Cover Version. Das ist gestattet. Es darf kein neues Arrangement angemeldet werden etc. p.p."

Auch cool, lieber mal schnell und bequem etwas blockieren, als einfach die Wahrheit zu sagen.
Ich bin nur froh, dass ich die CD-Pressung nicht einstampfen muss.
Beglückt antworte ich der vorsichtigen Dame:

„Ja mega, das ist ja die Superantwort!
DANKE!
Wie gut, dass ich nicht gleich aufgegeben habe.
YOU MADE MY DAY!"

 Was für ein schmaler Grad zwischen penetranter Nervensäge und freundlichem Erinnerungsdienst. Wenn frau da mal nicht beharrlich bleiben würde....

Manchmal ist es dann schon etwas mühsamer.

Bei der GEMA, der Verwertungsgesellschaft für Komponisten, muss man als Label-Inhaber jede neu eingespielte CD anmelden und je nach Anteil gemapflichtiger Musik dafür bezahlen.
Es gibt schöne Formulare, die sich im Internetportal der GEMA

regelmäßig ändern und man sich wieder nicht mehr auskennt, viele Felder, die ausgefüllt werden müssen, ein wahres Zauberwerk.

Zauberhaft ist jeweils auch immer die Rechnung, die man Wochen bis Monate später bekommt.

Ein schwierig zu erfassender Behördenapparat hat eine eigene Zauberformel, die diese Rechnungsbeträge erstellt. Wie genau das funktioniert, weiß wahrscheinlich niemand.

Auch wer wie und wie hohe Ausschüttungen bekommt, ist ein gut gehütetes Geheimnis. Auf jeden Fall finanziere ich diese Ausschüttungen an die Komponisten mit.

Indem ich alles vorschriftsmäßig ausfülle, abschicke und bezahle.

Lange habe ich gar nicht kapiert, wie das System funktioniert. Wohl eben, weil es nicht zu verstehen ist. Die Auskunftslage diesbezüglich ist sehr stark beschränkt. Und primär bin ich ja eigentlich „nur" Harfenistin.

Ich weiß zumindest, dass ein Komponist, der mindestens 70 Jahre tot ist, billiger (bzw. umsonst ist), als ein noch lebendiger.

Es gibt auf der mehrseitigen Rechnung der GEMA auch immer viele Kürzel und Prozentangaben, die nicht unbedingt zum beglückten Lesen einladen.

Trotzdem entdeckte ich in einem dieser Machwerke, dass ein Komponist, von dem ich schon oft etwas eingespielt habe - John Thomas 1826-1913 - laut Rechnung gema- und somit kostenpflichtig wäre.

Hallooo? Der ist schon ganz schön lange und auf jeden Fall mehr als 70 Jahre tot.

So nicht, meine Herrschaften.

Ich rufe an.

Schwierig bei der GEMA.

Ich solle doch lieber schreiben.

Also schreibe ich.

Wie es denn bitte sein könnte, dass dieser Herr noch auf ihrer Gehaltsliste steht?

Die Antwort Wochen später: Oh, da wäre wohl ein noch lebender John Thomas in die Quere gekommen.

Ach was!?!

Ich schreibe zurück. Wie es denn wäre, wenn sie einfach ein Feld für die Geburtsdaten der Komponisten in ihrem Zauberformular einrichten würden. Dann würden derart falsche Abrechnungen erst gar nicht entstehen.

Die Antwort überrascht mich:

„Hallo Frau Aichhorn,
ein eigenes Feld für Geburtsdaten für Komponisten ist wegen des Datenschutzgesetzes nicht erlaubt. Tut mir leid."

Ich fasse es (mal wieder) nicht.

Und dann gibt es noch Fälle, da versteigt sich Frau Aichhorn leider in die völlig falsche Richtung.

Es muss reichen, wenn Sie Folgendes wissen:

Sagen Sie NIE zur Beamtin einer ländlichen Behörde: Wenn ich als Freiberufler so langsam arbeiten würde wie Sie, dann würde bei mir gar nichts passieren.

Zu meiner Entschuldigung: Der zugegeben ÄUSSERT unüberlegte (und unverschämte) Satz war die Antwort auf folgende Ansage:

„Sie wollen in einer Stunde schon wieder anrufen? Nein, sooooo schnell geht es bei uns wirklich nicht. Sie können in einer Woche frühestens wieder anrufen, vielleicht kann ich Ihnen dann sagen, ob ich den Vorgang gefunden habe..."

Zu Ihrer Info: Ich wollte keinen Bauantrag für ein fünfstöckiges Haus genehmigen lassen, sondern nur wissen, ob ein Brief angekommen war…
Wir hatten noch lange was von den daraus resultierenden Konsequenzen…

Vielleicht würde es helfen, wenn man Beamten solche Vertragsklauseln in die Verträge schreiben würde, wie sie bei mir schon zu finden waren:

„Die Leistung des Künstlers ist persönlich zu erbringen, das aufführungsreife Einstudieren der musikalischen Werke steht in der Verantwortung des Künstlers."

Stattdessen muss man sich bei den Behörden mit Aussagen aus Landesbeamtengesetzen herumschlagen wie:
„Der Tod stellt aus versorgungsrechtlicher Sicht die stärkste Form der Dienstunfähigkeit dar." Oder „Besteht ein Personalrat aus einer Person, erübrigt sich die Trennung nach Geschlechtern."

Das sind Themen!
Und dann komme ich und möchte - einfach mal so - eine SCHNELLE Auskunft.
Behörden sind richtig moderne Startup-Unternehmen.
Mit komplett eigenem Rhythmus!
Stellen Sie sich drauf ein, Frau Aichhorn – LENTO per favore…

34. Die buckblige Verwandtschaft...

Als Musiker bekommt man manchmal mehr Einsicht in familiäre Strukturen, als einem lieb ist...

Bei der Beerdigung eines schwerreichen lieben Bekannten kam es zu einem kleineren Eklat. Schon zu Lebzeiten hatte ich ihm versprechen müssen, dass ich zu seiner Verabschiedung spielen würde. Zum Glück hatte er sich mit seinem irdischen Abgang an meinem Terminplan orientiert und ich konnte den Hinterbliebenen meine Anwesenheit zusagen.

In einer riesigen Aussegnungshalle nahmen wir Abschied.

Wie so oft in Großstädten: leider sehr routiniert, mit fehlendem Feingefühl und unter unglaublichem Zeitdruck.

Im Fließbandmodus werden die Zeremonien durchgezogen, schade, wenn in solchen Momenten so wenig Raum für Trauer und Empathie ist.

Zwischen den Ansprachen spielte ich drei kurze Stücke - alle noch vor wenigen Wochen mit dem jetzt Verstorbenen abgesprochen und von ihm bestellt; dann wurde schon die Türe geöffnet und die Urne hinausgetragen.

Hinter der gegenüberliegenden Glastür war bereits die nächste Trauergesellschaft im Anmarsch.

Schnell packte ich meine Harfe in ihre Überzüge, verlud sie ins Auto und machte mich auf den Weg zum offenen Grab, um mich persönlich verabschieden zu können.

Aber WO war das Grab?

Normalerweise sehe ich noch irgendwo das Ende des Trauerzuges, aber diesmal bin ich wohl zu spät.

Habe ich heute zu lange mit dem Einpacken gebraucht?

Komisch.

Verwirrt laufe ich in verschiedene Richtungen, aber der Friedhof ist echt riesig.

Die Sonne scheint, es ist ein herrlicher Herbsttag und hier sind überhaupt keine Menschen zu sehen.

Seltsam. Ich bin in einer Großstadt. Warum ist hier niemand?

Sind die Herrschaften vielleicht mit der Urne direkt aus dem Friedhof gezogen und findet die Beerdigung gar nicht hier statt?

Das Anwesen des Verstorbenen ist durchaus repräsentabel, vielleicht gibt es dort eine private Grabstätte im Garten?

Jetzt einen Angehörigen anrufen und nach dem Weg fragen, könnte etwas peinlich rüberkommen.

Ich habe nur die Handynummer eines ziemlich schrägen Neffen und ihm traue ich als Klingelton direkt „Highway to hell" zu.

Auch doof, wenn das dann genau am offenen Grab ertönt, wo er jetzt wahrscheinlich aktuell steht.

Also zurück zur Aussegnungshalle, an der noch mein Auto parkt. Vielleicht kann mir hier jemand weiterhelfen.

Ich muss das Gebäude halb umrunden, bis ich endlich eine Türe finde, hinter der ich das Friedhofswärterbüro vermute.

Alles geschlossen.

Ich klingele unter einem namenlosen Schild.

Nach einiger Zeit streckt ein Herr den Kopf heraus.

„Könnten Sie mir bitte sagen, wo die Beerdigung von Herrn XY ist?"

Misstrauisch schaut er mich an.

„Nein, das kann ich nicht!"

„Ich würde gerne zum Grab und finde es nicht."

„Nein, ich kann Ihnen das nicht sagen."

„Hallo? Ich habe gerade in der Aussegnungshalle mit meiner Harfe gespielt und würde mich jetzt gerne von dem Verstorbenen verabschieden!"

„Ich bin nicht befugt, Ihnen Auskunft zu geben."

„Und warum nicht? Der Verstorbene war ein Freund und hat sich gewünscht, dass ich spiele. Ich musste mein Instrument noch wegräumen, weil ja schon die nächste Beerdigung vor der Türe stand."

Anscheinend bin ich etwas laut geworden, plötzlich kommen drei Männer mit dicken schwarzen Schnurrbärten, bekleidet mit der städtischen Friedhofsuniform aus einem angrenzenden Zimmer.

Alle schauen mich mit grimmiger Miene an.

Sie unterhalten sich kurz miteinander.

Und das nicht auf Deutsch.

Ich probiere es ein weiteres Mal.

„Könnten Sie mir bitte jetzt einfach sagen, wo das Grab ist, ich würde gerne dort hingehen."

„Wir kennen Sie nicht! Und wir dürfen Ihnen nicht sagen, wo das Grab ist!"

Weiter hinten überquert ein Mann einen Gang.

Ich deute auf ihn und rufe, „Er kennt mich aber, er war gerade bei der Aussegnung im Saal, als ich gespielt habe!"

Wieder werden Sätze zwischen den Herren gewechselt.

Was geht eigentlich hier ab?

Ich pendle zwischen Wut und Frust, kann sein, dass ich demnächst ausflippe.

Aber kurz bevor es so weit ist, kommen endlich, mehr geflüstert als gesprochen, die erlösenden Grab-Koordinaten von einem der Wärter.

Warum jetzt doch ist mir nicht klar, frau muss anscheinend nur genug auf Dramaqueen machen.

Was für ein Zirkus.

Hinterher erfahre ich, dass die geldaffine Verwandtschaft im Vorfeld ausgeladen worden war.

Dazu kam eine überraschende und sehr kurzfristige Heirat des Verstorbenen sowie die Adoption „neuer" Kinder, das Testament hatte einen aktualisierten Inhalt bekommen.

Am Friedhof galt tatsächlich die strikte Anweisung, niemandem die Grabstelle zu verraten.

Der Innercircle wollte unter sich bleiben und hatte Angst davor, dass die Beerdigung zum Schauplatz eines unschönen Showdowns werden könnte.

Ich habe mich am Ende des gesammelten Wahnsinns angestellt und mit persönlichen Gedanken von dem zwar sehr bestimmenden, aber auch netten und großzügigen Verstorbenen verabschiedet.

Schade, wenn der irdische Abgang so kompliziert sein muss.
Da hilft dann auch das schönste Geld nichts...

35. Mutanfall

Und da sag nochmal einer, Socialmedia wären reine Zeitverschwendung.

Mitnichten!

Es ist ein Mittwochabend im Advent - mal wieder Lockdownmodus.

Bereits mehrfach verschobene Konzerte werden erneut vertagt oder gleich ganz abgesagt. Es nervt.

Da erscheint auf Facebook eine Nachricht einer Sängerin, die auch Harfe spielt:

Orchestereinspringer für die Oper „Hoffmanns Erzählungen" Samstag Abend in Bremerhaven gesucht. OHNE Probe.

Warum nicht, denke ich mir mal ganz naiv und rufe die Partitur des Werkes von Jacques Offenbach im Internet auf.

Die berühmte Barcarolle daraus kenne und kann ich, mal schauen, was der Rest so zu bieten hat.

Ich scrolle mich durch 260 Seiten Partitur und finde außer der mir bekannten Arie und einer kleinen Kadenz (virtuose Solostelle) nichts wirklich Aufregendes.

Hier drei Akkorde, dort ein bisschen Begleitung, alles zumindest ohne Übeaufwand vom Blatt les- und spielbar.

Soll ich es riskieren?

Eine kurze Nachricht an die Sängerin, dass ich es eventuell machen könnte.

Sofort kommt ein: Du? Du würdest echt nach Bremerhaven kommen? Das wäre echt unglaublich! Was für ein Gewinn für unser Haus!

Äh, hallo, ich habe noch nicht zugesagt und Vorschusslorbeeren sind hier eindeutig fehl am Platz.

Ich spiele nur noch selten im Orchester und eigentlich (und am liebsten) springe ich nur ein, wenn ich Brahms Requiem spielen darf oder den Dirigenten kenne…

Aber eine ganze Oper ohne Probe?

Vor sehr vielen Jahren habe ich einmal eine komplette Operette ohne Probe in Bamberg gespielt, aber da war ich jung, unbedarft und im regelmäßigen Orchestertraining.

Jetzt fehlt mir wirklich die Routine.

Schon kommt eine WhatsApp der Orchestergeschäftsführerin. Sie wäre mir unendlich dankbar, wenn ich käme!

Von den 20 bisher angerufenen Ersatzleuten kann keine/r. Oder will nicht ohne Probe.

(Für eine der dauereinspringenden, orchesterstressresistenten KollegInnen – einfach Châpeau, was hier jeweils geleistet wird - wäre diese Oper wohl ein Klacks, aber so wie es ausschaut, ist halt aktuell wohl wirklich niemand verfügbar.)

Also gut, dann komme ich eben. (Frau Aichhorn und ihr Helfersyndrom, manchmal frage ich mich echt…)

Die Noten werden mir für den nächsten Morgen versprochen, und so kümmere ich mich um die Anreise.

Chiemsee - Bremerhaven: per Bahn eine Tagesreise.

Und erst direkt am Tag der Aufführung den Zug zu nehmen, wäre fast schon grob fahrlässig.

Die Deutsche Bahn performt seit Wochen unter ihrem angestrebten und selbstbeweihräucherten Niveau, in den Nachrichten liest man regelmäßig von wilden Verspätungen.

Dann also per Flugzeug, Salzburg-Hamburg, schon am Freitag. Ja, ich weiß, nicht ökologisch, aber dafür fliege ich sehr selten in den Urlaub…

Meine Orchesternoten kommen per PDF und gleich am Morgen versuche ich zu einem YouTube-Video dazu zu spielen.

Die Nummer 1 des 1. Aktes funktioniert hervorragend, ich finde mich problemlos zurecht. Was bei dieser einfachen Stimme keine Hexerei ist....

Aber nun?

Tacet bis zum Ende des 1. Aktes. Sehr interessant.

Tacet heißt: er/sie/es schweigt.

(Sie müssen sich das Wort für den Gebrauch im heimischen Haushalt nicht merken, selbst wenn Sie das Gefühl haben, es mehrfach am Tag gut einsetzen zu können...)

In meinem Fall heißt Tacet:

Ich kann mich für eine längere Zeit in den Standby-Modus begeben, dem Dirigenten und den Kollegen bei der Arbeit zusehen. Wenn ich Glück habe, sitze ich so, dass ich etwas vom Geschehen auf der Bühne mitbekomme.

Hat man weniger Glück, kann man z.B. den Haarkranz des Musikers vor einem sehr ausgiebig studieren oder einfach nur die Musik genießen.

Man kann auch etwas lesen - wenn man sich traut.

Von nicht-virtuellen Tageszeitungen wird abgeraten, weil das Rascheln doch etwas stören könnte.

Man kann auch in die Kantine gehen - aber das ist nur was für versierte Orchestermusiker. Nichts für mich, ich steh ja schon überpünktlich am Zug, vor lauter Bedenken, ihn zu verpassen.

Und die Geschichten, wo Musiker nicht pünktlich zu ihrem Einsatz zurück im Orchester waren, zählen zum Standardrepertoire von „Dingen, die man nur einmal erleben möchte ...“

Zurück zu den Noten.

Auch im 2. Akt ist nicht viel zu tun.

Einiges ist durchgestrichen, Pfeile vor und zurück, ein großer Sprung, Anmerkungen wie WICHTIG! oder HIER NICHT SPIELEN, SONDERN SEITE 28.

Wieder versuche ich es mit einem Mitschnitt auf YouTube.

Soll ich jetzt so lange hören, bis ich Harfentöne im Orchesterklang erkenne?

Ich weiß ja nicht mal, wie lange der 1. Akt ungefähr dauert.

Mittlerweile habe ich kapiert, dass es eine Nummernoper ist, wobei die Reihung der einzelnen Stücke von jedem Dirigenten individuell gehandhabt wird.

Na toll. So wird das nix.

Ein Anruf in Bremerhaven.

Ja, es gäbe einen Handy-Mitschnitt der Generalprobe. Kommt am Nachmittag.

Wenn ich schon keine Probe habe, muss ich wenigstens wissen, ob meine Stellen „offen" sind, d.h. ob ich mit meinen paar Tönen z.B. einen Sänger solistisch zu begleiten habe.

Womöglich einen Tenor, der dann möglicherweise sehr engagiert im Tempo ist, sich gerne singen hört und auf einigen Tönen je nach Tagesform länger verweilt, als auf anderen.

Da ist Flexibilität gefragt und die macht eindeutig mehr Sinn, wenn man weiß, was auf einen zukommt.

In meinen Noten steht eigentlich nie ein Gesangstext, der mir etwas Orientierung geben könnte. Warum muss das immer so mühsam sein?

Fürs Kochen gibt es ein Rezept, für die Waschmaschine eine Gebrauchsanweisung, ein Busfahrer hat einen Fahrplan und ein Pilot eine Checkliste.

Aber nein, Harfen müssen sich irgendwie selbst im Nirwana organisieren.

Es nervt.

Aber ich habe zugesagt. Also Augen zu und durch, da muss ich mir jetzt selbst helfen.

By the way: ich habe auf einer Kreuzfahrt vor vielen Jahren einmal eine an einem deutschen Opernhaus angestellte Sängerin kennengelernt, die mir stolz verkündete, dass sie nie Noten lesen würde, weil sie das gar nicht könne und ihr daher der Klavierbegleiter der Oper ihren Part jeweils auf Kassette (ich sagte ja, vor VIELEN Jahren!) spielen und sie dies dann einfach beim Bügeln lernen würde. Auch eine Herangehensweise…

Ich schweife ab, zurück zu meinen Noten.
Die Harfenistin hat zum Glück viel mit Bleistift in der Stimme notiert.
Hier kommt ein Horn, dort ein Triangel, da setzt ein Chor ein.
Trotzdem kann ich mich so nicht zurechtfinden und die Gesamtpartitur nützt mir jetzt auch nur zum Teil, wenn vor Ort eine andere Reihenfolge gespielt wird.
Mist.
Ich weiß trotz Youtube-Video immer noch nicht, wann der 1. Akt aus ist, spule vor und zurück auf der Pirsch nach Harfentönen.
Leider dauert die Oper ca. 3 Stunden und ich spiele davon maximal bei 15 Minuten mit, wie erwähnt oft nur ein paar Töne hintereinander.
Auf der Suche nach der Nadel im Heuhaufen, so macht das keinen Spaß.
Neuer Versuch:
Ich google mir den französischen Text im Netz und versuche den Sängern zu folgen.
Da!
Ich erkenne etwas.
L'amour.
Toll.
Das Wort kommt so ungefähr in jedem zehnten Satz vor.

Aber langsam finde ich komplette Phrasen wieder und kann sie den Nummern in meiner Harfenstimme zuordnen.

Nicklausse, Olympia, Giulieta…die Hauptrollen nehmen langsam Form an.

Noch habe ich erst einen kleinen Teil der Harfenstellen entdeckt, den Rest mache ich dann im Flugzeug.

Die Noten sind auf meinem iPad gespeichert, die Pedalwechsel geübt, ich bin gespannt.

In Hamburg treffe ich zwei Freundinnen und fahre dann mit dem Zug ins stürmische Bremerhaven.

Schneegestöber und heftiger Wind begleiten mich auf dem Weg ins Hotel.

Da ich am nächsten Tag erst ab 16 Uhr in den Orchestergraben kann, besuche ich erst einmal das Auswandererhaus am Neuen Hafen. Alleine schon dieses Museum - vielfach ausgezeichnet- war die Reise mehr als wert.

Reisetipp nachfolgend.

Danach trödle ich durch die Stadt zurück zum Hotel und dann zum Bühneneingang des Orchesters.

Die Geschäftsführerin ist extra wegen mir da, sperrt auf und führt mich durch die Hinterbühne zum Orchestergraben.

Ein netter Lichtmensch hat schon seine Arbeit getan und ich habe noch mehr Glück: Das Instrument ist das gleiche Fabrikat, das ich selbst habe und so fühle ich mich sofort wohl.

Nach einer halben Stunde Ausprobieren reicht es eigentlich.

Ein Essen mit Orchesterwart und Geschäftsführerin klingt nach einer sehr sinnvollen Abwechslung.

Gut gestärkt und zurück im Graben kommt der Dirigent bei mir vorbei. Er verspricht, auf mich aufzupassen.

Ich sehe, dass es auch für ihn etwas spannend ist und er nicht weiß, worauf er sich mit mir einzustellen hat.

Harfe stimmen, dann umziehen.

Im Rucksack habe ich meine bügelfreie Klamotte, jetzt die Schuhe.

Oups. Da habe ich wohl beim Einpacken nicht ganz aufgepasst.

Für meine Auftritte gibt es zwei Paar Ballerina.

Einmal in schwarz, einmal in Silber.

(Ja, es soll Frauen geben, die das Thema „Schuhe" deutlich mehr interessiert...)

Und solchen Frauen würde wahrscheinlich auch nicht das passieren, was mir gerade widerfährt.

Ich habe von meinen zwei Paaren jeweils den linken Schuh eingepackt.

Einmal schwarz, einmal silber.

In ein fremdes Orchester mit zwei verschiedenen Schuhen einzulaufen, erscheint mir doch etwas gewagt.

Ich rufe im Orchesterbüro an, weil nicht mehr viel Zeit ist und frage, ob man in der Requisite nach schwarzen Turnschläppchen Größe 40 fragen könnte. Fünf Minuten später steht eine Dame mit originalverpacktem Schuhwerk vor mir.

Glücklich reiße ich das Plastik auf und weiß leider auch gleich, dass ich mit harten Ballettschuhen nicht werde spielen können. Das macht mehr Lärm auf den Pedalen als gewünscht.

Also gut, dann muss es eben mit meinen schwarzen Socken gehen. Im Gegensatz zu vielen meiner Kolleginnen brauche ich wegen meiner Körpergröße zum Glück keine Absätze zum Treten der Pedale, ich übe sowieso immer ohne Schuhe.

Dann bin ich also heute mit richtigen leisen „Salonschleichern" unterwegs...

Und gleich kurz darauf geht es los.

Meine erste Seite der Harfenstimme funktioniert problemlos, die Harfe klingt schön, ich fühle mich wohl.

Mittlerweile weiß ich ja, dass der 1. Akt 50 Minuten dauert und so lehne ich mich entspannt zurück, leider ohne Blick auf die Bühne. Ich sitze genau unter dem Rand derselben.

Im 2. Akt wird es nun spannender.

Ab und zu habe ich ein paar einzelne Noten, dazwischen längere Pausen.

Vor mir sitzt eine Bratscherin, in deren Noten ich mitlese, um die Orientierung zu behalten. Sie schaut immer wieder rüber zu ihrer Nachbarin und zu der vor ihr sitzenden Musikerin, schiebt Notenblätter von links nach rechts, zückt dann einen Stift und kritzelt in ihrer Stimme herum. Es wirkt alles etwas unsortiert, aber ich kann trotzdem folgen.

So eine Vierergruppe ist auch kommod, da kann ruhig mal einer schreiben, drei andere spielen ja immer noch.

Hinterher erfahre ich, dass auch sie eine Aushilfe war.

Meine kleine Solokadenz kommt, ich erwische alles und bin froh über meine Vorbereitung.

Mein Puls ist kurz höher als normal, aber noch im grünen Bereich.

Auch der Rest der Oper läuft.

Glücklich und zufrieden gibt es noch ein bisschen Party mit den Kollegen und eine entspannte Heimreise am nächsten Tag.

Das Zuckerl kommt zwei Monate später.

Nachdem ich dem Dirigenten meine Liste mit Solowerken für Harfe und Orchester gemailt hatte, lädt er mich genau an meinem Geburtstag per Mail ein, im kommenden Jahr dreimal das Konzert des russischen Komponisten Reinhold Glière mit seinem Ensemble zu spielen.

Meine musikalische Visitenkarte hat funktioniert!

So ein Mutanfall ist doch was Feines!

Und das nächste Mal nehme ich zwei gleiche Schuhe mit an die Nordsee.

P.S. Reisetipp:

Wenn Sie mal in Bremerhaven sind, gehen Sie unbedingt in das Auswandererhaus am Neuen Hafen.

Ein Ort für alle Sinne. Großartig aufbereitet, berührend erzählt und die Migration eindringlich deutlich machend.

Von diesem Hafen sind über 7 Millionen Menschen emigriert, anfangs in engsten, verdreckten Kojen, später in vornehmen Schiffssälen mit Gesellschaftsspielen und Musikkapellen.

Eine Zeitreise, die auch den Blick auf die aktuelle Situation der Migranten schärft.

Absolut empfehlenswert!

36. Restmüll

E-Mail-Verkehr, unzensiert

Er:
Möchte nur kurz mitteilen dass ich die Miniaturen 2 (das ist eine meiner Solo-CDs) soeben dem Restmüll übergeben habe ...
XY

Ich:
Schade, aber Sie werden Ihre Gründe haben!

Er:
Die Gründe hierfür sind schnell gesagt:
Die Klänge Ihrer Harfe entsprechen nicht meinen Erwartungen; sie sind zu hart, nicht weich und rund. Manchmal verschwinden sie fast ganz, die hohen Töne vorallem.
Auch kann ich selten ein Thema erkennen.
Tut mir leid, das sagen zu müssen. Aber vielleicht tröstet Sie es, dass ich ein musikalischer Laie bin.
P.S.
Ich habe vergessen zu sagen, dass ich noch eine CD habe mit dem Titel „Cello meets Harp".
Ich höre sie gerade zum zweiten Mal, weil sie mir so gut gefällt. ...

Ich:
Ah, ok.
Sie hätten die CD ja weiterverschenken können.
Und die Harfe ist auf beiden CDs die gleiche.
Ebenso die Aufnahmetechnik.
Es liegt an den Stücken.

Die Miniaturen 2 ist eine sehr virtuose CD.

Für „rundere, weichere" Klänge wären die ruhigen Harfen-CDs wie Harfenklänge für die Seele oder Traummusik die bessere Wahl gewesen.

Schade, aber wenigstens schön, wenn Ihnen die Cello-CD gefällt.

Freundliche Grüße!

37. Saubande, greislige

Oft werde ich gefragt, wie ich meine Harfe ins Flugzeug bekomme.
Die Antwort ist: gar nicht.
Ich verweigere.
Ich bin ja kein Tubist, der mit etwas (viel) Charme eine Dame am
Check-in-Schalter der Lufthansa so um den Finger wickeln kann,
dass sie die zwei, in riesigen Kisten verpackten Blechblasinstru-
mente einfach als Sperrgepäck ohne Extrakosten nach Brasilien
durchwinkt.
Ich stand bei der Prozedur am Münchner Flughafen mit offenem
Mund daneben, es war sehr cool, lieber Andreas Hofmeir...
Aber eine Harfe ist schließlich keine Tuba.
Mit einer flugtauglichen Kiste wiegt mein Baby dann locker über
100 kg und passt in kein normales Auto mehr. Das Sperrgepäck
müsste extra zum Cargo gebracht werden, man kann es nicht einfach am normalen Schalter einchecken. Dann weiß man nicht, wo
die Harfe gelagert wird und vor allem nicht, ob sie überhaupt, und
wenn ja, in welchem Zustand, ankommt.
Lieber nehme ich eine Mietharfe vor Ort, was zwar öfters mit
Überraschungen verbunden ist, aber im Endeffekt insgesamt doch
stressfreier.
Einmal war die Harfe viel zu klein, weil eine Kinderkonzertharfe
(Mallorca); einmal war es nicht das zugesagte Fabrikat (Bangkok);
einmal fiel sie fast auseinander (Moskau); und einmal hatte die
Harfe ein Problem.

Diesmal flog ich nach Malta, wo schon die Leihharfe des ansässigen
Orchesters für mich bereitstand.
In Valetta gibt es 365 Kirchen (für jeden Tag des Jahres eine), und in
einer von ihnen durfte ich ein Benefizkonzert für Dín l-Art Ħelwa,

einen örtlichen Denkmalschutzverein, zusammen mit einer maltesischen Pianistin bestreiten.

Wir sollten ein paar Solostücke spielen und zum Schluss dann, im Duo, ein kitschiges Ave Maria performen.

Ich hatte der Klavierkollegin die Noten drei Monate vorher zugemailt und war jetzt dezent erstaunt, als sie mich, neben dem Flügel stehend, leise fragte, ob ich die Noten für sie dabeihätte. Sie wäre sich nicht sicher, ob sie die richtige Ausgabe hätte.

Mann. Mädel.

Wenn Du Dir einfach die Version, die ich Dir gescannt und gemailt hatte, runtergeladen hättest, dann hättest Du jetzt die richtigen Noten…

Oder einfach zeitnah davor noch einmal nachfragen?

Wir wollten JETZT in der Kirche proben. Und sie war ohne die „musikalische Gebrauchsanweisung".

Ich hatte sie. Aber nur im Laptop gespeichert.

Und das lag im Appartement des Konzertveranstalters.

Der wiederum stand gerade in der Sakristei nebenan und ich war froh, dass er das Ich-habe-keine-Noten-Gespräch nicht mitbekam.

Eh schon peinlich genug, ihn jetzt zu bitten, wieder umständlich zum entfernten Wohnort zurückzufahren und Noten zu holen, für ein (theoretisch gut vorbereitetes und hinreichend ausgelotetes) Stück, was am Abend in einem Konzert gespielt werden sollte, das viele fleißige Hände über Monate mit immensem Aufwand organisiert hatten…

Ich rief lieber meinen Computerfachmann in Traunstein an, wo gerade mein Computer von zuhause beim Service war.

Ob er mir die Ave Maria-Datei aus meinem Notenordner mailen könnte?

Die nette Dame am Telefon erklärte mir, dass der betreuende Mitarbeiter gerade im Außendienst unterwegs sei, er es aber abends gerne machen könnte.

Abends ist zu spät.

Ich bräuchte es JETZT.

In Oberbayern wurden mehrere Hebel in Bewegung gesetzt, 20 Minuten später piepste es in meinem E-Mail-Eingang.

(Ja, mittlerweile arbeite ich auch mit Cloud-Speichern - falls das gerade Ihr Gedanke war.)

Für die Probe spielte die Elfenbeinvirtuosin dann also von mikroskopisch kleinen Noten aus meinem Handy, scrollte und blätterte parallel selbst. Erstaunlich, aber es funktionierte. (Und wieder typisch: Ich hatte - wie immer bei Harfe - schon wochenlang an dem Stück geübt, keine Chance, das, wie gerade auf dem Klavier vorgeführt, mal schnell so vom Blatt zu spielen...)

Danach fuhr ich mit meinem Gastgeber noch einmal ins Appartement und so konnte bzw. musste ich ihn zwischen Probe und Konzert doch bitten, noch die Noten auszudrucken.

Er war etwas irritiert - so kurz vor dem Auftritt - fragte dann aber auch nicht mehr nach.

Zurück in der Kirche fand ich am Instrument eine gerissene Saite vor, die ich jedoch schnell auswechseln konnte. Zum Glück habe ich immer meine kompletten Ersatzsaiten dabei.

Der Auftritt war wunderbar, viel Applaus und als Zugabe noch einmal das Ave Maria in der virtuosen Fassung für Harfe und Klavier.

Jetzt wollte ich die Leihharfe einpacken, damit sie am nächsten Morgen wieder vom Transporteur ins Philharmonische Orchester gebracht werden konnte.

Aber was war das?

Die Harfe hatte an der Stelle, wo sich ungefähr mein rechtes Ohr befindet, einen fetten Riss im Holz.

Wo kam denn der her?

Ich hatte die Harfe nur von der Seitenwand bis zur Mitte vor den Altar und zurückbewegt, sie mit einem Stuhl vor dem Umfallen

gesichert und in der Kirche waren permanent Aufpasser unterwegs.
Bei genauerem Hinschauen fand ich nun weitere Schäden.
Direkt bei den Schalllöchern auf der Rückseite sah man mehrere
Schrammen und zwei tiefere Furchen.
War die Harfe so angeliefert worden? Warum war mir das nicht
eher aufgefallen?
Das Orchester hatte extra einen eigenen Transportservice. Der
würde doch etwas sagen, wenn ihm die Harfe umfällt.
Oder war es in der Kirche passiert?
Das Instrument war schon zwei Tage vorher gebracht worden und
seitdem bei normalen Temperaturen in der Apsis der Kirche ge-
standen.

Wie ärgerlich.
Ich machte Fotos von allen Seiten, sagte dem Konzertveranstalter
Bescheid und flog am nächsten Tag nach Hause.
Vier Tage später bekomme ich eine E-Mail von der Orchesterharfe-
nistin, die Harfe wäre „total" kaputt.
Ob mir wirklich die Harfe nicht umgefallen sei?
Sie hätte das Haus unbeschädigt verlassen.
Geht's eigentlich noch? Natürlich ist der Harfe in meiner Anwesen-
heit nichts passiert!
Mit mitgeschickten Fotos dokumentierte sie den Schaden.
Toll, diese Fotos habe ich ja selbst auch. Ich weiß, wie demoliert die
Harfe ist!
Ich rufe einen deutschen Harfenbauer an, er ist Experte für derar-
tige Probleme.
Alarmiert meint er, die Saiten müssten sofort runtergestimmt wer-
den, damit der herrschende Zug nicht einen Bruch und ein Durch-
schlagen des Resonanzkörpers nach sich ziehen würde.
Ich gebe die Informationen direkt nach Malta weiter.

Nachdem ich Rainer Thurau Fotos des Instruments schicke, meint er, dass er sich absolut mit der Reparatur raussehen würde, das hätte er schon öfters gemacht und wäre ein lösbares Problem.

Man sollte die Harfe zu ihm befördern.

Ich kümmere mich also um den Transport der Harfe von der Insel nach Wiesbaden und zurück, um eine Ersatzharfe für das Orchester für die Zeit der Reparatur, um Diskussionen mit der Versicherung und vieles mehr.

Das Orchester, die Orchesterharfenistin, der Harfentransporteur, alle weisen die Schuld empört von sich.

Ich bin nicht vor Ort und selbst wenn, ich würde wohl nichts ausrichten können.

Der Veranstalter übernimmt schließlich aus eigener Tasche 500.- € - die Hälfte der Selbstbeteiligung - es ist einfach nur mühsam.

Dazwischen beantworte ich hysterische Fragen der Damen aus dem Denkmalschutzverein.

Ob ich den Riss im Holz vielleicht beim Aufziehen der neuen Saite verursacht hätte? Oder ob er durch mein doch sehr lautes Spielen entstanden wäre. (Bin ich Popeye?)

Selbstverständlich kann ich auch hier alles verneinen, aber was nun?

Die Hauptfrage ist doch:

Wann sind die Schäden entstanden?

Ich hatte die Harfe am Anfang keinem - wie beim Mietwagen üblichen - Check unterzogen.

Blöder Fehler.

Im Lauf der Woche gehen mindestens 150 E-Mails hin und her.

Viele Menschen wollen beruhigt werden, immer weitere Akteure mischen sich ein.

Sie fragen sich vielleicht, warum ich das alles stemme, aber:

Wer sollte es sonst tun?

Ich habe auf dem Instrument gespielt, das für mich ausgeliehen worden war. Da muss ich jetzt durch.

Nach über sechs Wochen ist glücklicherweise alles erledigt, die Harfe hervorragend gerichtet und wieder zurück auf der Insel.

Und ich frage mich immer noch: WO hat die Harfe WANN den Schaden erlitten?

Ein Jahr später bin ich wieder auf Malta eingeladen.

Mittlerweile kenne ich dort einen supernetten Harfenisten über Facebook

Er wird mir seine Harfe leihen.

Als er das Instrument anliefert, haben wir kurz Zeit für einen Kaffeehausratsch.

Ich erzähle ihm die Geschichte von der Orchesterharfe aus dem vorigen Jahr.

Da meint er nur:

„Ach! Das ist doch die Harfe, die im Orchester umgefallen war. Und die haben sie jetzt also Dir untergeschoben…"

In Bayern haben wir ein schönes Schimpfwort dafür.

Saubande, greislige.

38. Danke, sehr freundlich!

Mittlerweile dürften Sie schon wissen, dass ich es lieber direkt und
ungekünstelt mag.
Das liegt sicher auch an meinen oberbayrischen Wurzeln.
Die dort herrschende Grundhaltung „Ned gschimpft is globt gnua"
(Nicht geschimpft ist gelobt genug) oder „Nimm di einfach ned so
wichtig!" (Nimm Dich einfach nicht so wichtig!) vermeidet zwangs-
läufig unnötiges Selbstbeweihräuchern.
Ich bin sehr froh, dass ich so unkompliziert durchs Leben gehen
darf.
Nur manchmal bleibt auch mir etwas die Spucke weg.

Früher bediente ich öfters mal schnell im Obst- und Gemüsela-
den der Verwandtschaft meines Mannes. Wir wohnten im gleichen
Haus wie der Laden, auf dem Weg zu meiner Waschmaschine im
Keller ging ich direkt vorbei an den Verkaufsräumen. Und wenn
Not an der Frau war, sprang ich damals immer mal kurz ein.

Regelmäßig kam eine ältere Dame zum Einkauf.
An diesem Tag war ich ihre Bedienung.
Zur Begrüßung meinte die Stammkundin:
„Ach, sind Sie auch mal wieder da!"
„Ja, ich bediene ja nur ganz selten. Meist, wenn gerade sehr viel
los ist. Und ich glaube nicht, dass wir uns schon einmal persönlich
begegnet sind"
„Doch, doch! Ich weiß schon, wer Sie sind.
Sie sind die mit dem altmodischen Gesicht!"

Gut, dass das mal gesagt wurde!

Da war dieser Herr eigentlich fast feinfühliger. Nach einem schönen Konzert stand er vor mir und formulierte glücklich strahlend folgenden Satz:
„Wissen Sie, dass Sie ausschauen, wie ein Schwan?
Oben sind sie ganz fließend, anmutig und ästhetisch in ihren Bewegungen und unten paddeln sie bei ihren Pedalen wie ein schwerfälliges Tier!"

Ein altmodischer Schwan - hat auch was…

In diesem Sinne: Bleiben Sie mir gewogen!
Danke fürs Lesen und alles Gute

Ihre/eure
Silke Aichhorn

Dank

Der größte Dank geht an meine wunderbare Familie Hannes, Amelie und Sophie, die den ganzen Wahnsinn stoisch und liebevoll mittragen.
Ein besonderer Dank an Mami und Papi, die mir erst die Harfe ermöglichten und an meine fünf Geschwister, die jahrelang mein Gezupfe ertragen mussten.

Für so ein Buch braucht es viele Helfer.
Das größte Dankeschön geht an meinen so geduldigen und inspirierenden Lektor Holger Meerwarth, der es aufgeben musste, mir auch noch die indirekte Rede beizubringen...
Mitgelesen und ausgebessert haben auch meine liebe Mami und Dr. Martin Fogt, Danke euch!
Danke, liebe Heidi Oettinger für deine Ideen!
Danke an Eva-Maria Prillisauer für die Geschichte zum Lamentiergatter, Prof. Dr. Gerd Neuhaus für die Bibelstelle aus Buch Sirach, Jürgen Steiner für Aufklärung in Sachen Harfe und Dudelsack, Konrad Singer, für sein großes Literaturwissen und an Maximilian Ehrhardt für die Informationen zu Johann Mattheson.

Wie gut, wenn man einen Bruder mit einer Werbeagentur hat!
Danke Markus Aichhorn www.kuse.de für Fotos und Grafik und Apro Jimenez für die Gestaltung des Covers und die Shooting-Ideen.
Janina Hallweger hat meine Falten gekonnt überschminkt.

Hörmusik

das kleine feine Harfenlabel von Silke Aichhorn

KAMMERMUSIK

HÖRMUSIK 123
Souvenir du Nord
Erinnerung an den
Norden

HÖRMUSIK 113
Poesie und Ausdrucks-
kraft – Trompete und
Harfe

CELLO MEETS HARP
Mathias Johansen und
Silke Aichhorn

HÖRMUSIK 112
Instruments de la
Poésie
Duo Flöte-Harfe
Dejan Gavric und
Silke Aichhorn

HÖRMUSIK 110
Spohr-Duo
Violine-Harfe
Ervis Gega und Silke
Aichhorn

HÖRMUSIK 115
Duo Flöte-Harfe
Dejan Gavric und
Silke Aichhorn

TRIO ARPACANTA-
BILE
C. Mollnar – Sopran,
E. Neuhäusler – Mez-
zosopran, S. Aichhorn
– Harfe

HÖRMUSIK 126
BACH
Harfe solo, Duo
Flöte-Harfe, Harfe-
Streichquartett

HÖRMUSIK 116
Harfenduo
Regine Kofler und
Silke Aichhorn

219

HARFE SOLO

HÖRMUSIK 125
Traummusik
Harfenklänge zum
Einschlafen

HÖRMUSIK 111
Miniaturen 2

HÖRMUSIK 122
Miniaturen 4

HÖRMUSIK 108
HARPING ON A
HARP

HÖRMUSIK 118
HARFENKLÄNGE
FÜR DIE SEELE 3

HÖRMUSIK 107
Frühlingsklänge

HÖRMUSIK 117
Miniaturen 3

HÖRMUSIK 106
St. Petersburg –
Paris

HÖRMUSIK 114
Harfenklänge für die
Seele Nr.2

HÖRMUSIK 103
Weihnachtliche
Harfenklänge

HÖRMUSIK 119
Harfenklänge für die
Seele 1-3
Box mit 3 CDs

HÖRMUSIK 104
Harfenklänge für
die Seele

HARFE SOLO

HÖRMUSIK 101
Nachtmusik

HÖRMUSIK 105
Images

HÖRMUSIK 109
Himmlische Harfen-
klänge

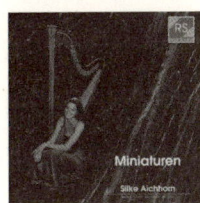
HÖRMUSIK 102
Miniaturen I

HARFE MIT ORCHESTER

MOZART-CD
Flöte, Harfe und
Orchester

**FOUR HARP
CONCERTOS**
Von Ernst und
Jean-Théophile
Eichner

DREI KONZERTE
Johann Wilhelm
Hertel
Weltersteinspielung

**KONZERTE VON
ERNST VON
DOHNÁNYI**

KINDER-CD

**SUSIE UND
DAS GROSSE
GLISSANDO**

REZITATION MIT HARFE

**DENN ES WILL
ABEND WERDEN ...**
Reflexionen zu Ab-
schied und Ewigkeit

HÖRMUSIK 124
Das Mädchen
mit den Schwefel-
hölzchen

BÜCHER

HÖRMUSIK 120
Lebenslänglich Frohlocken
Buch
ISBN: 978-3-9817880-2-0

HÖRMUSIK 121
Lebenslänglich Frohlocken
MP3-Hörbuch
ISBN: 978-3-9817880-3-7

HÖRMUSIK 128
Frohlocken leichtgemacht!?
MP3-Hörbuch
ISBN: 978-3-9817880-5-1

Alle CDs und Bücher können Sie online unter
www.silkeaichhorn.de bestellen
oder rufen Sie mich einfach für eine Bestellung an.
Außerdem sind die Einspielungen im Handel erhältlich.
Größere Stückzahlen zu Sonderkonditionen bitte auf
Anfrage.

Silke Aichhorn · Mobil: + 49 171 416 61 60 · E-mail: Silke@aichhorn.de

1. Auflage 2023

2023 by Silke Aichhorn . Verlag HÖRMUSIK

Schloßstraße 1. 83278 Traunstein

Umschlagfoto: Markus Aichhorn

Satz und Gestaltung: Kuse Werbeagentur – www.kuse.de

Lektorat: Holger Meerwarth www.mediavisionen.com

Printed in Poland

978-3-9817880-4-4

Hörbuch: 978-3-9817880-5-1

Bestellung: silke@aichhorn.de

Vertrieb über https://suedost-service.de

www.lebenslänglich-frohlocken.de

www.silkeaichhorn.de